悪と神の正義

Evil and the Justice of God

N. T. Wright

N.T.ライト［著］　本多峰子［訳］

教文館

Evil and the Justice of God

by

N. T. Wright

Japanese translation rights arranged with
THE SOCIETY FOR PROMOTING CHRISTIAN KNOWLEDGE
through Japan UNI Agency, Inc., Tokyo

日本語版への序文

この度、私の本が日本語で読んでいただけるようになったことを、とてもうれしく思います。訳者と出版社の方にはそのご尽力に感謝いたします。皆様のような素晴らしい国の方たちが、私の書いたものを読んでくださっていることを考えると光栄に感じます。本書は一つの特別な出来事をきっかけに書いたものですが、今日私たちは皆、地球という一つの村に住んでいるので、この本は新たな時代と新たな場所の読者にも同様に意味を持つだろうと期待しています。

本書は、二〇〇三年に私がウェストミンスター寺院で行った一連の講義をきっかけとして生まれました。それまでの一八か月間、英国やアメリカのニュースの見出しは、二〇〇一年九月一一日にニューヨークとワシントンで起きた恐ろしい出来事と、それに続く大西洋両岸の指導的な政治家の憂慮すべき弁舌に占められていました。彼らは「悪」について、あたかもそれが突然現れて対処を必要とする新しいことであるかのように語っていました（最初の二回の講義をしたのは、英国とアメリカの戦闘機がイラクに爆弾を落とす準備をしている時でした）。

政治家たちの弁舌は教会や神学界にいる私たちには、二つの理由から奇妙に聞こえました。第一に、私たちは一度として「悪」が消え去ったなどと考えたことがありません。二〇世紀の公共的世界での多大な悪や、それに劣らず重大で私たちが自分たち自身の心に認識している私的な悪が、そうではないことを告げています。「悪」が着実に私たちの現代文明から退いているという考えは、すでに驚くほど単純で自己賞賛的な信念にすぎなくなっています。第二に、キリスト教の福音は、もし「悪」に立ち向かい「悪」の問題を解くべきだとすれば――それがどのような意味にしろ――それは、善にして賢明な創造主である神ご自身の御業によるしかないことを示しています。そして、人間たちをおびき寄せて、彼ら自身に対しても他人に対しても破壊的な信念や行為に向かわせる闇の諸力に対して、神は、イエスに関する福音の出来事で決定的に重大な勝利を成し遂げてくださったことを指し示しています。この二つの理由から、「悪の問題」についての新たな分析をすることがふさわしいと考えたのです。

けれどももちろん、「悪」は二〇〇三年で止んだわけではありません。実際、その年以降、英国やアメリカやその他諸国が自分たちが「悪」と見るものに対処しようと最善を尽くした結果生じたのは、当時私たちの多くが確信をもって予言した通り、より大きな悪だったのです。テロ活動の波が中東その他の大きな社会的混乱と結びついて、ますます広い範囲に混沌と大惨事をもたらしています。そして、地政学的不安感は他の諸地域での力の政策や軍事的威嚇によってさらに増しています。そのような地域の中には、不安になるほど日本に近い国もあります。またもや、西洋の政治家は「悪」について語っています。そしてしばしば、自分たちも他の人々にしばしばこの「悪」という語で呼ばれていることに気づかないでいるのです。

この混乱した危険な状況において、教会には果たすべき極めて重要な役割があります。福音書のメッセージは、イスラエルの救い主であり世界の真の主であり、唯一の生きている神であるイエスが、実際、悪の究極的な力をあらゆる形で破ってくださったと宣言し続けています。けれども、このことが遂行されるのは、独善的なキリスト教徒が刷新された世界についての自分勝手な構想を他のすべての人々に押し付けて、新しいこの世的構造を打ち立てることによってではありません。悪に対処するための権力構造を確立しようとする世俗的試みは、ロシアにおいてもヨーロッパやアメリカにおいても、すべてあまりにもしばしば、キリスト教の構想を自分たちに都合の良いように変えたパロディにすぎないように見えます。イエスが弟子たちに語った山上の説教（マタイによる福音書五章）は、平和を造る人々や義に飢えた人々や、柔和な人たち、悲しんでいる人たち、霊において貧しい人たちの共同体のことを語っています――これは、イエス自身に似た人の共同体で、神はこのような人々を通して神の王国〔訳注1〕を天と同じくこの地にも実現なさるのです。私たちは、わずかばかりのキリスト教徒が、大きな無関心に見える社会を変えることなどできやしないだろうと考え、たやすく戸惑い、落胆してしまうかもしれません。けれども、歴史は繰り返し、そうではないと示しています。イエスは小さなグループで始めました。そして一〇〇年もたたないうちに、ローマ皇帝はある州の総督から、このイエス集団の人々をどうしたらよいか相談の手紙を受け取っていました。あらゆる世代に、キリスト教徒たちは世界の中で信仰者として存在することを求められてきました。そして、単に信仰者として存在するだけではなく、機会が許せば、権力に真実を語る声として、特に「悪」についての真実を語り、どのようにすれば悪が克服できるかを発言する声として存在するように求められてきたのです。それは（私は本書の最終章で示していますが）まだ記憶に新しく南アフリカで起こったことなのです。私はこの小さな本が、関連のある問題を明らかにし、この新しい世代の日本の皆様が今の危険で困難な時代に賢く考え、祈り、語るために少しでも役に立てばよいと希望し、祈っています。

英国国教会主教、セントアンドリュース大学セント・メアリーコレッジ教授

N・T・ライト

序文

私は復活について数年かけて一冊の大きな本を書いた後、二〇〇三年の初めに、今度はイエスの十字架刑の意味に注意を向けようと決めました。しかし、このテーマにどう取り組もうかと考え出したとたん、私にはその前にまずやるべきことがあると気づいたのです。イエスがご自分の死で成し遂げられたことについてキリスト教徒が語る場合、そこではたいてい悪への答えや悪の結果としてイエスの十字架のことが語られます。しかし、そもそも悪とは何なのでしょうか。

同じ問いが、まったく別の理由からも私に突きつけられました。二〇〇一年九月一一日にニューヨークのツインタワーとワシントンのペンタゴン（アメリカ国防総省本庁舎）にテロの飛行機が突っ込んでから、二〇〇三年の初めに私が十字架と悪の問題を考えるまでの間に、「悪」の問題が突然物議をかもす争点となったのです。ジョージ・ブッシュは、対処せねばならない「悪の枢軸」があると宣言していました。英国の首相トニー・ブレアは、政治家の任務は世界から悪を取り除くことであると公言しました。時事解説者は左派も右派も、こうした分析と解決策の両方に疑念を表明しました――そしてその疑念が正しかったことは、イラク戦争とその余波によって十分に証明されたのです。

私は自分の考察を、ウェストミンスター寺院で、二〇〇三年の前半の五回の講義で語りました。そして次に、ブレイクウェイプロダクション制作のテレビ番組で、自分のテーゼを簡単に述べる試みをしました。これは、二〇〇五年のイースター（復活祭）の日に英国チャンネル４で初放映されました。私が言いたい趣旨を理解し、まったく異なるメディアで伝えられるようにしてくれたプロデューサーのデイヴィッド・ウィルソン、そしてデニーズ・ブレークウェイに、私は非常に感謝しています。この番組を見て、私が持ち時間の四九分では言い切れなかったことに戸惑った方は、おそらく、より詳しく書いた本書に、いくぶん満足してくださるでしょう。

しかしそうは言っても、私は一瞬なりとも、自分がここに、悪の問題について、あるいはより正確には、イエスの十字架の意味について、完全な論考を提示しているふりはしませんし、自分の論考がバランスのとれたものだとさえも言うつもりもありません。本書の中心となる章は、イエスの死に一つの角度からのみ取り組んでおり、その取り組み方は確かに非常に有意義だと思いますが、イエスの死の意味と救済的効果をより完全に述べるためには、私が扱ったよりもはるかに多くの問いを出し、それらに答えていかなければなりません。そして、本書の紙面の制限内では扱えなかった聖書箇所や、神学的・哲学的概念も扱う必要があることは、私もよく承知しています。そして、そのことが、この先の著書の方向付けにはなってくれると思っています。

最初の講義で——これは本書の第一章になっています——、私は主題的なイメージとして、抑制されぬ荒れる海という聖書的表象を用いました。ですから、二〇〇四年のクリスマス明けに大津波がインド洋沿岸を襲い、人々もろとも共同体をも壊滅させた時には、ことさら恐怖を感じました。そして、二〇〇五年の八月にハリケーン・カトリーナがニューオーリンズとアメリカ湾岸の広範な地域を水没させた時には、世界中の人たちが感じたようなひどい既視感を私も感じたのです。私は、この本を誰にささげようかと自問した時、これらの大災害や、その後のパキスタンとカシミールの大地震で亡くなった方たち、そして二〇〇一年九月一一日の犠牲者の方たちの思い出のために、という以上の答えは思いつきません。彼らは私たちに、「悪の問題」は私たちがこの世界で「解く」ことのできるようなものではないということ、そして私たちの第一の務めは、解き得ない哲学的問いに答えることよりもむしろ、「この悪の世」のさなかにあってさえも、イエスの死に基づき彼の聖霊の力において神の新しい世界のしるしを生まれさせることなのだと思い出させるのです。

オークランド・カッスルにて

N・T・ライト

悪と神の正義　目次

第三章　悪と十字架につけられた神

第四章

悪が存在しないと想像してごらん

――解放された世界を約束する神

第五章

われらを悪より救い出したまえ

――自分自身を赦し、他の人々を赦すこと

装丁　桂川　潤

悪と神の正義

第一章

悪を語ることはいまだにタブーになっている——悪の新しい問題

序

ヨハネの黙示録二一章によれば、新しい天と地にはもはや海はない。これにがっかりする人も多い。海を見たり、航海したり、海で泳いだりすることは永遠の喜びである——少なくとも、海の厄介な習性や折の悪い時に気難しくなる点と折り合いをつけながら生計を立てていかなくてもよい人にとっては。私自身も、いつも海を眺めており、泳いだりもするので、この驚きと失望を感じる。けれども、より広い聖書的な世界観を見れば、このことが理解できてくるのである。

海はもちろん原初の創造の一部だ。実際、創世記一章では、海は乾いた陸よりも先に出現し、地面と動物は両方とも海から出た。海は、神が創造の六日目の終わりに「極めて良い」と言った世界の一部なのだ。しかし、すでに創世記六章のノアの物語で、洪水の高潮は神が造られた全世界への脅威となっており、ノアと動物園さながらの箱舟は、神の恵みで警告を受けてその脅威から逃れる。良き創造そのものの内部から混沌の諸力が出ていて、神の裁きを実行するために用いられているように見える。

次に聖書で海のことが語られるのは、モーセとイスラエルの民がエジプト人に追われ、紅海を前に途方に暮れて立っている時である。神は海を開いて道を作り、ご自分の民イスラエルを救い、またもや異教世界を裁く。ある意味で、これは新しい様式をとってはいるがやはり同じ物語だ。そして後世のイスラエルの詩人たちは、神の民の形成におけるこの決定的な瞬間を振り返り、古代カナンの創造神話の表現でこう祝っている――「主は洪水の上に御座をおく」(詩編二九・一〇)、「潮は打ち寄せる響きをあげる。大水のとどろく声よりも力強く／海に砕け散る波。さらに力強く、高くいます主」(詩編九三・三―四)。水はヤハウェを見て恐れ、逃げ去った(詩編七七・一七、一一四・三、五。「ヤハウェ」は、聖書でのイスラエルの神の名)。そして、詩編作者が、詩編六九編などで大水が喉元にまで達していると自分の絶望を表現するとき、それは、ヤハウェが荒れ狂う海を支配し、海にご自分を賛美さえさせる方として知られているとの文脈で言われている(1)。しかし、ダニエル書七章の、最初期のキリスト教に多大な影響を与えた一節では、いと高き者の聖者らに戦いを挑む怪物たちが海から現れている。海は、暗く恐ろしく脅威を与える場所になっていて、大津波が沿岸地帯に住む人々を脅かすように、神の民を脅かしている。古代イスラエルの民は、ほとんどは航海などしない人々だったので、彼らにとって海は悪と混沌と暗い力を象徴するようになり、神がノアを救ったように彼らを救ってくれなければ、洪水がかつて全世界に対してなしたことを神の民に対してなすであろうと考えられた。

実際（話がそれすぎてしまうかもしれないが）、私たちが海を愛する理由の一つは、ホラー映画を見る時のように、自分たちは安全に離れたところにいて、その巨大な力と容赦ないエネルギーを見ることができるからかもしれない。あるいは、もし私たちが航海に出たり海で泳いだりするなら、海のエネルギーの虜にされることなく、そのエネルギーを使うことができるからかもしれない。おそらく、私たちがこのようなことをするときに心理的に起こっていることについては十分な数の博士論文がすでに書かれていると思うが、ただ、私が読んでいないだけである。もちろん、もしも、私たちが立って波が寄せては砕けるのを見ているときに、津波が突然現れてこちらに突進してきたら、喜びは瞬く間に恐怖に変わるだろう。それはまるで、ギャング映画のスクリーンから武器を手にした殺し屋たちが出てきて、無邪気に映画館に座っている私たちを個人的に脅して来たりすれば、映画を見ていたスリルがパニックの叫びに変わってしまうだろうというのと似ている。海や映画は、安全な距離から見ていれば、私たちが自分に、「そうだ、確かに悪は存在するかもしれない、どこか向こうに混沌はあるかもしれない。しかし少なくとも、ありがたいことに、私たちはさしあたってその脅威を受けてはいない」と言う一つの方法になり得る。そして、おそらく、これはまた、「そうだ、悪は確かに私たち自身のうちにも存在するかもしれない。私たちの心の奥底には、悪と混沌の力があるかもしれない。でも、私たちはせいぜいそれを潜在意識で知っているにすぎず、コントロールできており、堤防が水を差し止めてくれるだろうし、最後には警官が悪漢を捕まえてくれるだろう」と言うことなのだ。

もちろん、この一〇年か二〇年の間の映画では、ものごとはそれほどうまくいってばかりはいない。そのことは、私たちが今どれほどに、世界の内にも私たちの内面にも悪を認識しているかについて、かなり雄弁に物語っている。この認識と、それを理解し、批判し、それと取り組もうとするキリスト教の試みが本書の主題である。私は最初、イエスの十字架について書きたいと考えていた。イエスの復活について詳しく書いた後だったので、これは、それと釣り合う主題に思えた。しかし、イエスの十字架について考えれば考えるほど、十字架について意味のあることを語るためには、少なくとも悪について何かを語らなくてはならないということに気がついた。古典的な神学では、十字架は決定的にこの悪の問題に向かっている。

しかし、悪について語ることを考えたとたん、これは、緊急の、とまでは言わないまでも、時宜を得たテーマだと気づいた。誰もが悪について語っている。二〇〇一年九月一一日の〈ニューヨークのテロの〉後、ブッシュ大統領は、どこか向こうに「悪の枢軸」があり、私たちは悪しき人々を見つけ出してこれ以上の悪を行わせないようにしなければならないと宣言した。トニー・ブレアは野心的に、私たちはまさに、世界から悪を取り除くことを目指さねばならないと宣言した。私が飛行機の中でこの章の原稿を書いていた日に眠い目でちらりと見た、前の席の人が読んでいた新聞には、〈真のアイルランド共和軍（ＩＲＡ）〉の二人の「悪しき顔」を見るように促す大々的な見出しがあった。二〇〇三年に英国の町ソーハムで起こった二人の少女のひどい殺人事件に、社会もマスコミも「悪」と叫んだ。そして、私たちは、私たちの町の通りでの銃犯罪の突然の増加について、あるいは二〇〇五年八月のハリケーン、カトリーナによるニューオーリンズの荒廃の後の暴力についても同じことを言う。

悪がこのように新たに注目されている状況の奇妙なところは、悪が、多くの人々を、そしてとりわけ政治家やマスコミを、驚きで捕らえたように見えることだ。もちろん彼らは、悪はいつでも存在した、と言うだろう。しかし、西洋社会はこれを新たな形で痛切に感じたようだ。悪についての昔の議論はより抽象的になる傾向があり、いわゆる自然悪（津波に代表される）といわゆる道徳悪（悪漢に代表される）などが言われた。前世代で悪についてあえて深く考えてみた人には、少なくともアウシュヴィッツが問題を新しい形で突きつけた。それと同様に、二〇〇一年九月一一日のテロ事件と、インド洋の大津波やアメリカ沿岸地帯のハリケーンの「自然」災害は、悪について新たな議論の波を引き起こした――悪とは何か、悪はどこから来るのか、悪はいかに理解すべきか、そして、人がキリスト教徒であろうと無神論者であろうとその他の何であろうとも、その世界観に悪はどう影響するか。そして特に、悪に対して何がなせるか、と。

キリスト教的観点から言えば、その意味では、新しい天と地にはもはや海はないだろう。私たちは、イエスの福音によってもたらされた世界観によって、悪は最終的には征服され、廃されるであろうと、固く断言している。しかし、なぜ現状では悪が存在するのか、そして神はいかにこれに対処して来たのか、そしてこれからどう対処してくださるのだろうか、イエスの十字架は悪とどのような関係があるのか、そしてそれが私たちに今ここでどのように影響するのか、そして、私たちは、悪に対する神の勝利に参与するために今ここで何ができるのか――これらはすべて、悪に対する新たな興味の突然の高まりとともに深く答えの見えない謎として立ち現れた。このような問いには、私も含めて私たちの多くは、今まであまり注意を向けてこなかったし、まして、答えを出そうとはしてこなかった。私がこのような言い方をするのは（もし、私が言う意味を理解してくださるのなら）私が悪のエキスパートではないからだ。この答えの見えない専門分野に実際に携わっている人たちはいて、私はすでにその人たちから学んだし、これからも学びたい。神学には、学校の外でも本や講演などから学び続ける伝統があり、私もその立派な伝統を受け継いでいる。私は決して自分がこの分野を極めているふりはしないが、この主題について最近書かれたものとさまざまな点で含みとして対話を行っている。(2) 私がしたいことは、三つのステップに分けて見ることができ、その段階のそれぞれがさらに三つに分かれる。

第一に私は、私たちの今日の文化において悪の問題がどのように表れているかを提示し（第一章）、それと並べて、ユダヤ教とキリスト教の伝統において、神の救済の義が古典的にどのように述べられてきたかを、特にイエス・キリストの十字架に注目して述べてみようと思う（第二章、第三章）。次に、悪の問題や神の下でキリスト教徒がこの問題についてすべきことについてキリスト教的かつ創造的に語る一つの方法を提案しよう（第四章）。この点で、私は、悪の問題が明確に表現され取り組まれないならば、ひどい困難と危険を生じる分野を今日の大きな関心事の中から、三つ挙げる。それは、世界帝国の問題、刑事司法と罰の問題、そして戦争の問題である。

最終章では、赦しの深く個人的な意味だけではなく、集団的意味も考察することでこれらの問題の吟味を続ける。

そこで、最初の本章では、今日の悪の問題が新たな形で表れているいくつかの様相を述べてみよう。つまり、私たちの政治家やマスコミが、結局問題などないかのように生きてゆこうとしてきたこと、そして彼らは、悪を語ることがいまだに一つのタブーになっていることに気づかねばならないということを論じようと思う。私は次に、悪の問題がポストモダニズム世界で表現されてきた新たな形は――そして重要なことに、ポストモダニズムはまさにこの問題を言い直したものなのであるが――ある重要な点において不十分であると示唆したい。そして、次に私たちは、起こっていることをよりはっきりと見ようとするなら、普段目をふさいで見えないようにしているいくつかの要素を理解しておかなければならないと提案したい。そして最後に、この問題がキリスト教徒の考え方にどのような影響を持つか提案したい。

悪の新しい問題

そこで私の最初の最も長い節に入ろう。悪の新しい問題についてである。しかしなぜ「新しい」のだろうか。

悪について語る比較的古いやり方では、問題を形而上学的あるいは、神学的な謎として論じる傾向があった。もし神が存在し、神が（古典的なユダヤ教やイスラム教やキリスト教の神学がすべて主張するように）、善であり賢くこの上なく有力な神であるならば、なぜ悪というようなものがあるのか。もし無神論者であれば、その逆の方向の問題に直面するだろう。世界には、この世界は素晴らしい場所だと思わせるようなものもあったりで、この世界は悪趣味なジョークなのだろうか、と考えたくなる。もちろんこれを、悪の問題ではなく、善の問題と言うこともできるだろう。もしこの世界が偶発的現象の偶然の寄せ集めであれば、なぜ私たちが賛美しほめたたえたくなるようなことがこれほどたくさんあるのか。なぜ美や愛や笑いがあるのか。

今日の形而上学的な形での悪の問題は、少なくとも二世紀半論じられてきた。一七五五年の諸聖人の祭日（万聖節）にリスボンを壊滅させた地震は、その前世代に代表される安易な楽観主義をもまた粉砕した。ジョセフ・アディソンの素晴らしい賛美歌、「いと高き広大な天空」（The spacious firmament on high）は、空や太陽や月や星々や惑星を見る者は誰でも、善き創造主のすぐれた技量に気づかずにはいられないと、繰り返し宣言している。

理性の耳にそれらは皆喜びを語り、
輝かしい声を挙げ、
輝きながら永久に歌う。

「神はその御手で私たちを創られた」。

けれども、アディソンはこれを一七五五年の後に書けただろうか、あるいは、アディソンがこれを書いたとしても、いったいこれを喜んで歌う人がいただろうかと、疑問に思える。それ以来起こった、天災人災を問わず、あまりに多くの大惨事について聞いている私たちがこの歌を歌い続けられるとしたら、それは否定的な反証に逆らって苦労して得られた自然神学を私たちが習ったからか、あるいは、改めて考えてみることをしなかったからだろう。しかし、私は言いたいが、一七五五年以来、スーザン・ネイマンが最近の見事な著書で見せたように、ヨーロッパの哲学史は、悪と折り合いをつけようとする人々の試みの歴史として語るのが最もふさわしい。リスボンは、自然悪（津波、地震、ハリケーン）と道徳悪（悪漢、テロリスト）との今では標準的になっている区別を促進し、その区別は今でも重要だ。しかし、ヴォルテールやルソーなどの偉大な啓蒙主義思想家たちの苦闘や、カントやヘーゲルの膨大な構想自体も、悪に対処しようとするいくつかの道として理解できる。そしてさらに、マルクスやニーチェに進み、二〇世紀の思想家、とりわけホロコースト後の意味の問題と格闘してきたユダヤ思想家に至ると、世界全体について、そして世界の中の悪について言うべきことを言おうとする絶えることのない一連の哲学的試みが見出される。

あいにく（と、私には思われる）ここから出てきた、西洋社会全体の一般の人々の特徴的な理解となっていて、英国や合衆国におそらく特に顕著に見られる考え方はとても満足のいくものではない。私が言っているのは、進歩主義理論のことで、これはヘーゲルが高尚な解説をなしているが、水増しされた形で今日の思想の多くに常に見出される。ヘーゲルの考えでは、多かれ少なかれ、世界は弁証法の過程によって進歩している（最初に(A)、次にその反対(B)、そしてその両者の統合(C)というように）。すべてのものは、より良く、より十全で、より完璧な終わりに向かって進んでいる。そして、その途上で苦しみがあったとしても、弁証法的展開のうちに問題があらざるを得ないとしても、それでよい。そのようなことは割られた卵のようなもので、そこからおいしいオムレツが作られるのだから。

自動的な進歩を信じるこの考えは、同時にキーツなどの詩人にも見られ、ロマン派運動の汎神論の中にも、そしてマルサスの哲学にも漂っている。マルサスの哲学では、ヨーロッパと北米が人間の発達の最先端にあり、それが一九世紀の一大特質であった帝国の経済拡張を正当化するという西洋的信念を生み出し支えるのに非常な影響力を持った。この信念はすでに既存の文化の中にしっかり確立していたが、チャールズ・ダーウィンの研究と、それがガラパゴス諸島の鳥や哺乳類の研究よりはるかに一般的に多様な分野に応用されたことによって、とてつもなく促進された。技術的な成功、医学の進歩、ロマン派の汎神論、ヘーゲルの進歩主義観念論と社会的ダーウィニズムが楽観的に合わさって、今日まで多くの人々が、特に公共的生活において、その中で生き、動いてきた思想風土を作り出した。この思想風土の中では、私たちが「今日この時代に」生きているということは、あるものごとが今期待できるということを意味している。私たちは、自由と正義に向かう着実な前進を思い描く。そしてその前進は、しばしば、ゆっくりだが着実な西洋スタイルの民主主義と緩やかな形の社会主義の勝利という見地から考えられている。はっきり言えば、人々が、「私たちが今生きているのは二一世紀なのだから」と言って、何かのものごとを受け入れがたいとするとき、彼らは暗黙の前提となっている進歩の理論に——それも、ある特定の方向に向かう進歩の理論に——訴えている。私たちはしばしば、はっきりとした議論ではなく、マスコミや政治家の声の調子によって教えられる——この進歩に屈せよと。これは、止められるものではない。誰が後に取り残されることを望むだろうか。時代遅れになり、昨日の人間になることを誰が望むだろうか。口語で時代遅れを意味する「昨年はそうだったね」は、究極的なけなし言葉になっている。「進歩」（この言葉で、私たちが意味することはしばしば、単に流行の変化にすぎない）は、社会や文化で、唯一の最も重要な尺度になっている。

この進歩信仰は少なくとも三つのまったく異なる挑戦を受けてきており、この信仰がそれらすべてを生き延びてまだ栄えているのはあっぱれなことだ。多くの人々にとって、第一次世界大戦は、古い理想主義的自由主義を破壊した。一九一九年にカール・バルトが彼の『ローマの信徒への手紙講解』の第一版を書いたとき、彼が伝えようとした主旨は、今や歴史のプロセスのうちから神の王国が着実に進んでゆくのに頼るのではなく、新たな神の言葉が外側から私たちにやってくるのに耳を傾ける時である、ということだった。ドストエフスキーは、『カラマーゾフの兄弟』

で、世界が無垢な子どもに死ぬほどの苦しみを与えるという代価を払って完成に向かっているのかもしれないとの可能性を考える、忘れられない一節を書き、代価はすでにあまりに高くなりすぎていると結論している。アウシュヴィッツは、ヨーロッパの文明社会が少なくとも、高貴さと徳と、人間を人間らしくする理性が栄えて豊かになりうる場所であるとの理念を、おそらく永遠にと思われたほどに打ち砕いた。ヨーロッパ思想のいくつもの要素に存在するホロコーストの深い根は――ヘーゲル自身の思想も少なからずその例であり、彼はユダヤ教を誤った種類の宗教の一例であると見た――引き抜き、分解しなければならない。

こうして、私が言ったように、進歩信仰はいまだに生き延び、勝ち誇っている。一九世紀の人々は、自分たちが原罪などという考えを除去し去ったと考えた。そしてもちろん、原罪に代わるものを見つけなければならなかった。そして、マルクスとフロイトはいくつかの代案を提案し、説明的な体系を示してそれに見合う解決策を差し出した。それは、キリスト教の贖罪論に酷似したパロディである。そして、第一次大戦中のモンスやソンムの恐ろしい戦闘にもかかわらず、アウシュヴィッツやビルケナウにもかかわらず、ドストエフスキーとバルトにもかかわらず、どういうわけか人々は今日もまだ世界は基本的に良い場所で、その問題は多かれ少なかれ科学技術や教育や、「西洋化」という意味での「発達」によって、そしてますます多くの地域に西洋の民主主義と、西洋の社会民主主義の理想か西洋資本主義か、あるいは実際、その両方の混合を好みに応じて適用することによって解決可能だろうと考え続けている。

この事情は、特に私が新しい悪の問題の特徴と見る三つのことにつながっている。第一に、私たちは悪が面と向かって自分を襲ってこない限り、悪を無視する。第二に、私たちは面と向かって悪に襲われた時に驚く。第三に、私たちはその結果、未熟で危険なやり方で反応する。これらのことを順番に解説してゆこう。

第一に、私たちは悪が面と向かって自分を襲ってこない限り、悪を無視する。哲学者や心理学者の中には、悪は単に善の陰の面にすぎないとか、悪は世界にバランスをとるために必要なものであるとか、私たちは極端な二元論や善と悪の過度の両極化を避けねばならないなどと主張しようとしてきた人もいる。これはもちろん、ニーチェの力の哲学に直結し、その道を通って、ヒトラーやアウシュヴィッツにつながる。もし善悪を超えてしまえば、力は正義なり、という領域に入り込み、古い道徳的価値を思い出させるものは何であれ——たとえば、大きなユダヤ人共同体などは——邪魔になり、抹消してしまうべきものとなる。

しかし、このことを理解するために六〇年前に戻る必要はない。西洋の政治家たちは、アルカイダが無視できない存在だということを十分理解していた。しかし、手遅れになるまで誰も本当にはあまり真剣に考えたがらなかった。私たちは、地球上のより貧しい国々が恒常的に多額の借金を抱えていることが、世界の良心にとっては触ると痛い大きな傷となっていることを知っている。しかし、私たちの政治家たちは、同情的な人でさえも、このことを本当にはあまり真剣に考えたがらない。なぜなら私たちの見地からすれば、世界は多かれ少なかれうまい具合に刻々と動き続けており、わざわざ経済的荒波を立てない方がよいからだ。私たちは、貿易をして経済を成り立たせていきたいのだ。「選択」できることは、誰にとっても絶対的な善であり、もし飢えてAIDSに苦しむアフリカに私たちがコカ・コーラとペプシコーラの両方を提供するなら、そのことが巨大な未開拓の市場を食い物にして、そこの恒常的な他の問題にさらに虫歯を加えるということであっても、私たちはアフリカの幸福を促進しているのだ。私たちは皆、性的放埓は家庭にも個人の人生にも多大な不幸をもたらすことを知っているが、二一世紀に生きている者として、だから姦淫はいけないことだ、などとは言いたくない（しかし、ほんの二世代前には、多くの共同体が姦淫を今の人々が小児性愛を見るように見ていたことに留意すべきだろう。小児性愛はどちらにとっても心痛の種になっているが）。

私は、右派でも左派でも中道でも検閲が廃止された時代に育った。検閲は、唯一真のわいせつ行為である、と私たちは教えられた。人々がやったり言ったりしたいことは基本的に良い。私たちは、私たちのうちにある本能を何でもほめたたえるべきである。人々は他の人々が何をするかを支配《コントロール》することを許されてはならない。実際、この「コントロール」という言葉は、今日に至るまで冷笑とともに口にされる。たとえば、「コントロールフリーク」などの言い方に見られるように、基本的な道徳的基準は、何もコントロールのない状態であるかのようだ――マクドナルドワールド型の大企業の基本的スローガンが、「国境なし」であるのとちょうど同じように。私たちは、自分たちの政治家やマスコミの権威やエコノミストや、悲しいかな、遅咲きの自由主義神学者たちまでが、人間は基本的に申し分なく、世界は基本的に申し分なく、何も大騒ぎするようなことはない、というかのように語る世界に生きている。

そこで、第二に、私たちは面と向かって悪に襲われた時に驚く。私たちは小さなイギリスの町々を、気持ちよく安全な場所と思いたがるので、二人の幼い少女がソハムで、明らかに二人が知っていて信頼していた人に殺されたとき、心底衝撃を受けた。私たちはそのようなことに対処するカテゴリーを持っていない。しかし同様に、私たちは、たとえば、アフリカの新たな部族主義や大量殺戮や、バルカン半島の新たな「バルカン化」など、より大きな、新たにされた悪に対処するカテゴリーも持っていない。これほど多くの国々が民主主義になっているか、民主主義に向かっている今、グローバル化のおかげもあり、理論的にはこれほどのことを成し遂げたり、これほどの利益を被ったり、これほどのことを知ることができるようになっている今、私たちは、世界は基本的に申し分ないのだと自分たちを欺きたがる。そして、人の津波が私たちの岸に押し寄せ、その、西洋諸国に亡命地を求める限りなく続くように見える人間の壁が、自分たちとともに何人かの、迫害や暴政からの安全を求めるのではなく、むしろ自分たちのテロの目的を推し進めるのに必要な秘密を求めてくる者を連れてくると、それがおそらく一部の少数の者たちだけだとしても、戸惑い衝撃を受けるのだ。

実際、テロ自体私たちを驚かせる。なぜなら私たちは、すべての深刻な問題は話し合いの議論で解決すべきものと思い描くのに慣れており、誰かがいまだに、それではだめで、自分の主張を通すためにはより過激な手段を用いることが必要だと考えていることに戸惑う。そして、最終的に私たちは死の事実に繰り返し衝撃を受ける。私たちの先祖たち（突然の伝染病が数日のうちに一家の半数を奪い去ることもあり得たので、大家族を営んでいた）が当然視していた死は、私たちの心から消され、ホラー小説にしか残っていない。同様に、自分自身の家や床で死ぬ人がますます少なくなってきて、死は私たちの社会からも消されている。そして死は、私たちのうちに深く根差した社会的想像力からも消されてしまっている。容赦ない性的楽しみの探求が――そしてセックスはもちろん、面と向かって死を笑い飛ばす一つの道である――非常なエネルギーと熱意を占領し、私たちが見るすべての葬式や、テレビが私たちの居間に持ち込むすべての殺人が思い出させる痛切な事実をぼやかしてくれる。私たちは、悪が面と向かって私たちに打撃を与えるまで悪を無視し、悪に面と向かって打たれると衝撃を受け、戸惑う。

第三に、その結果、私たちは未熟で危険なやり方で反応する。ほとんどあらゆる性的行為は善く正しく奨励すべきだと判決を下した私たちは、ただ一つ残っているタブーである幼児性愛については けたたましい叫びをあげる。あたかも、他の多くの領域の行為にもっと平均的に思慮深く、広く向けられなければならない道徳的義憤が、この一つの犯罪に集約されているかのようだ。幼児虐待は、もちろん、胸が悪くなるように忌まわしいが、無批判な道徳主義には気をつけた方がよいと思う。よく考え抜いた根拠からではなく、単に私たちがそれを考えることさえ嫌悪するというだけの理由で性急に咎めたがるような「道徳性」は、操作されうるし、しばしば操作される。

直感的に誤りと分かることを厳しく攻撃するのは、それを容認するよりも良いかもしれない。しかしそれは、安定した道徳的社会を築く道とはとても言えない。

この現象の最も明らかで憂えるべき例の一つは、アメリカ合衆国（それにある程度は英国でも）における、二〇〇一年九月一一日の出来事に対する反応だ。あのぞっとする日は、もっともなことに恐怖と怒りを引き起こした。しかし、当局の反応は、一種の条件反射のような、思慮に欠けた未成熟な攻撃であり、何の助けにもならなかった。誤解しないでほしい。私たちが悼んだ何千人もの犠牲者は、もちろん悲劇的で恐ろしく、まったく不当な亡くなり方をした。アルカイダのテロ行為は、純然たる悪であったし、今でも悪である。しかし、アメリカ合衆国全体が、純粋で無垢な犠牲者であり、世界が悪人（特にアラブ人）と善人（特にアメリカ人とイスラエル人）にきれいに分けられ、後者には前者を罰する責任があるとの宣言は、私が言っていることの大規模な例である——それはちょうど、この見方のちょうど裏返しに、西洋世界にはあらゆる点で罪があり、それゆえ、すべての抗議者とテロリストは彼らの行いにおいて完全に正当化される、と示唆するのが未熟で単純すぎるのと同様である。同様に、銃保持者はすべて監禁されるべきだとか、（それと裏返しの合衆国での見方であるが）すべての人は銃を保持し、善人が悪人に悪いことをされる前に彼らを撃つことができるようにする方がよいと考えるのは、まったく、現実に起こっていることを深く考えていない見方にすぎない。ニューオーリンズでの災害の第二段階の恐怖は——つまり、失うものを何も持たない人々の暴力と、自分たちと自分たちの財産を守りたいがために銃を買い占めようと躍起になる人々の恐怖は——教訓になるべきなのに、そうなっていないのかもしれない。

問題を解決しようとして自分にとって「悪」と見えるものを攻撃すること——たとえば、二〇〇一年九月一一日を理由にイラクやアフガニスタンに大量の爆弾を投下すること——は、実際、悪の問題を「解く」ためだと称する哲学理論の現実上の対応物である。さまざまな人々が、（たとえば）神が悪を許すのは、それによって徳が豊かに表れる特別な状況が生み出されるからであろう、というようなことを書いている。神がアウシュヴィッツを許したのは、そうすれば何人かの英雄が出現するからだと考えることは、問題解決には程遠い。同様に、イラクやアフガニスタンで死んだ何千人もの無実の一般市民は、そのような「解決」がしばしば、問題を単に悪化させるだけであると証しする無言の証人である——そして、私がこう言うのは、そのような「解決」がただ対立者を頑なにし、あるいは実際対立者を作るからというだけではない。議会制定法や哲学的議論で悪をなくすことができないのと同様に、榴弾によって悪をなくすことはできないのだ。

悪に対する未熟な反応を至近距離から詳細に見るには、おそらく私たちが自分たち自身の生活や自分たちに直接関係のある状況でどのように悪に反応するかを自問してみればよいだろう。あなたはたった今、何について腹を立てているか。あなたが不正や不公平と感じることを誰がやったのか。あなたはそれに対してどのように対処するか。どのようにそれと折り合いをつけるのか。私たちはしばしば、二つのうちのどちらかの仕方で反応する。私たちは、悪を他人に投影して、人を咎める文化的空気を作るかもしれない。いつでも悪いのは他の人や、社会や、政府で、自分は無実の犠牲者である。犠牲者の立場を主張することは、新しい多文化間競技になっており、人々は、自分が汚れなく清く、咎められるべきは他の皆であるような、高い道徳的基準を満たす地位を求めて競っている。あるいは、私たちは悪を自分たち自身に投影し、すべてのことについて、悪いのは自分たちだと思いなすかもしれない。

これはしばしば、鬱の原因になる。しかし、問題は単なる心理学的状態にとどまらない。政治的には、私たちは今直面している悪はすべて他の誰かの落ち度である――テロリスト、難民、麻薬商人、犯罪人などの――と私たちに言う人たちと、一九六〇年代、一九七〇年代の古典的通俗心理学によって、すべては私たちが悪く、テロリストがテロリストになったのは私たちが彼らの国々で生じさせてしまったことのせいであり、難民たちは私たちのかつての外交政策の影響を逃れてきたのであり、麻薬商人たちは、私たちが彼らの本来の生計手段を破壊してしまったから麻薬商人になったのであり、犯罪人たちは豊かな社会の犠牲者である、などと言う人たちとの間を行ったり来たりしている。これら極端に誇張された両極のどちらにも少なからず真実が含まれているということは助けにならない。他のすべての人々を責める文化（訴訟や、犠牲者礼賛、自己義認を生じさせる）と、自分自身を責める文化（鬱と道徳的社会的麻痺を生じさせる）は、どちらも同じく悪の問題に対する未熟で不満足な反応であり、形而上学的な議論においてよりもむしろ、町の通りやテレビの画面で自らを売り込んでくる。これが今日の新たな悪の問題なのだ。私たちは、悪を語ることは結局今もまだタブーになっているということを発見した。しかし、私たちは、悪にどう対処してよいかについても、悪に関して何をしたらよいかについても、何ら解決の手がかりを持っていない。そして、一言付け加えさせていただきたいのだが、悪を無視してもやはりそれは解決にはならないのだ。

どうすれば、私たちが悪に対して大人の反応ができるようになるか、つまり、どうしたら、あらゆる面から悪を考慮に入れて、より成熟した世界観をもってより満足のいく取り組みができるようになるかについては、少し後で論じたい。しかしまずここでは、私たちが「ポストモダニティ」と呼んでいる、ある意味での一つの世界観の根底にある悪への取り組みを見ていきたい。

新しいニヒリズム——ポストモダニティ

文学や文化や神学におけるポストモダン的傾向については、私は他のところですでに述べたり書いたりしてきたし、ここでは詳細に述べる紙面の余裕はない。ただ、第二次世界大戦以来ヨーロッパやアメリカの現代文化では、真理や力や、無私の行動や思考を自負しているとされるあらゆる主張は、本当は結局、自己中心的な欲望に動機づけられているのであり、その欲望の観点から説明したり「脱構築」したりできる、と見る傾向があった、ということを言っておけば十分だろう。「すべては金の問題だ」とマルクスは言った。「すべては性の問題だ」とフロイトは言った。

「すべては力の問題だ」とニーチェは言った。そして、ヨーロッパの大部分は、二〇世紀の前半には彼らを嘲笑したが、二〇世紀後半には彼らの見方が自分たち自身の文学批評、建築、社会学など多様な分野に入り込むのを目にしたのである。真理はあらゆる面から攻撃を受けている。記録管理や互いを調べることに関しては、ますます真実性が厳格に要求されるようになっているのに、である。バーナード・ウィリアムズが最後の著『真理と真実性』(*Truth and Truthfulness*)で示したように、この矛盾した状況は――つまり、真理に対する要求が増す一方、真理を判別することの困難さが増している事態は――ゆっくりとだが増大し続け、今やあらゆるところに広がっている疑いの文化の結果である。ポストモダニティは、一世紀以上前の思想家たちにその根を持つが、ポストモダニティの特別の生じ方と、これがとった特別の様式は、ホロコーストの恐怖と密接な関係がある。哲学者テオドール・アドルノは、アウシュヴィッツの後で詩を書くことはできないと宣言したが、おそらく少なくとも一つのレベルでは、ポストモダンの理論家たちは、真理を語ることもできないと言っている。主流のヨーロッパ文化がホロコーストを生み出すことができるようなものならば、ほかのすべてのものに対してもきっと疑いを持たざるを得ないであろう。しかし、ポストモダニティはそれだけにとどまらない。これが容赦なく強調する悪の問題は、単にすべての人間の主張は誤っていると示唆するよりも深いところまで達している。人間自体までを脱構築しているのである。もはや一個の「私」は存在しない。あるのは単に、情緒や、シニフィエ(signifiers 表すもの)や、衝動の渦巻く集合だけで、それは、「私」が常に流動的な状態にあることを意味している。低度の実存主義（人は自分の最も内なる自己に真実でなければならない）から残されている道徳的義務は、自分の最も内なる自己は流動的で不安定なものであるというポストモダンの主張と衝突する。ジャズ演奏家のチャーリー・ミンガスは、「私は、音楽を演奏するとき、真の自分を演奏している。問題は、私が常に変わり続けているということなのだ」と言った。偉大な音楽だが、非常に困惑させる哲学と心理学である。

私が思うに、これも悪の問題に対する一種の反応である。ポストモダニズムは、私たちがすべて深い欠点を負っているとの認識において、人間は固定した「アイデンティティ」を持たず、それゆえ固定した責任を持たないと論じて、古典的な原罪説に戻ることを避けた。ポストモダンにおいても、悪を避けることはできないが、それについてとがめを受ける人間を見つけることもできないのである。驚くに当たらないが、ポストモダンに特徴的な社会文化的現象の一つは、誰も責任を取らない大きな事故である。たとえば、恐ろしい列車衝突が、すでに何か月も知られていながら修理されなかった線路の欠陥に起因したと分かっても、会社の役員の一人として、あるいは委員会の一つとして、咎められなかったというようなことが起こる。ポストモダニティは、冷笑的なアプローチを促す――何も改善しないし、それについてできることは何もないのだ。これが自殺率の着実な増加をもたらしていることはほとんど驚くまでもない。その増加は、とりわけ、未来に楽しみにするものも多い（と思えたであろう）のに、全身でポストモダニティを吸い込んできた若者の間に見られる。これは、新しいことではない。あの手ごわい一世紀哲学者エピクテトスならば理解したであろう。ただし彼は、その下にある知的態度を嘲笑したではあろうが。

しかし、このように言った後では驚かれるかもしれないが、私は、あらゆる点でポストモダニティは歓迎すべきだと考えている。ポストモダニティは、私が先に説明した主流の文化が今でも抵抗している悪の分析を提供する。そして、特に、「進歩」という危険なイデオロギーを脱構築する。すでに他のところで論じたことがあるが、私は、ポストモダニティの主な機能は、世界の諸問題は神のもとで解決済みだと考えている一八世紀の後のモダニズム（近代主義）的傲慢さに対して、堕罪の教義（人間性の中にある深く致命的な欠陥という真実）を教えることだと見ている。しかし、私が今言った冷笑主義に加えて、悪についてのポストモダンの分析には二つの特別の問題があるので、その点をさらによく、深く見ていかなければならない。

第一に、その分析は、すでに述べた理由によって、非人間化の傾向にある。罪の責任を負うべき人間が誰も残っていないので、道徳的尊厳も残っていない。責任を担うということは、他のすべての徳を否認してしまった人に唯一可能なものとして残った最後の徳である。それさえも否認させることとは、人間を単なる暗号に還元してしまうことになる。私たちのほとんどは、ましてや犯罪や虐待の真の犠牲者は、そのようなことは、直感に反し、しかも忌まわしいと思う。人間は（理性的範囲のうちで、ある程度の限界の中で）責任を持つ行為者であり、そのように見なされ続けなければならない。ここで私は、ジョージ・シュタイナーの証言をこの上なく感動的だと思う。

彼は、自分の知的経歴の自伝『エラータ』（*Errata*）〔『G・スタイナー自伝』工藤政司訳、みすず書房、一九九八年〕の最後で、自分は確信をもって神を信じることはできないながら、悪というものがあることと、人間はそれに対して自分に公正な責任分担を果たさなければならないということははっきりと確信できると、宣言している。これは、非人間的な世紀の終わりになされた、暗い が真正な人間性尊重主義への願いの表明である。

第二に、ポストモダニティによる悪の分析は、贖いの余地をまったく残さない。出口はなく、悔い改めや回復の見込みもなく、脱構築の流砂から真理の固い地面に戻る道もない。ポストモダニティは、悪が現実であり、強力で重要だと見る点で正しいかもしれないが、私たちがそれについて何をすべきかということについては何のヒントも与えてくれない。それゆえ、私たちはどうしても、他の場所を見て、浅薄なモダニズムの謎や冷笑的な脱構造主義的分析からさらに進んで、問題のカテゴリーを広げなければならない。そこで、本章の三つ目の項目に移ろう。

悪について単純化しすぎない見方へ

悪について、より大規模で広範囲の持続可能な分析を探してみれば、主要な世界観にはすべて悪への取り組み方があったことが分かる。仏教徒は、現世は幻想であり、人生の目的はそこから解脱することだと言う。これは古典プラトン主義といくつかの類似点がある。ただしプラトンは、真実の世界は他にあるとしてもこの時間と空間と物質の世界に実際の正義や徳が入ってくることに関心を持っていた。ヒンズー教徒は、人々を、そして実際には動物をも苦しめる悪は、前世で犯した罪という観点から説明でき、現世で自分の業（カルマ）に従順に従うことで罪滅ぼしがなされると言う――これは、一つのレベルでは非常に満足のゆく解決を得られる世界観であるが、代償として他のいくつものレベルでは多大な反直感的問題を抱えている。マルクス主義者は、ヘーゲルの思想のいくつかの側面を選択的に練り上げて、世界は定められた道を通ってプロレタリアートの独裁に向かっており、その途上の問題、特に、暴力的革命の絶対的必要性は、成長の痛みであり、最終的結果によって正当化されるであろう、と言う。彼らによれば、輝かしい結末が汚い手段の有効性を証明する。オムレツを味わえば、なぜ卵が割られなければならなかったのか理解するであろう。イスラム教徒は、もし私がイスラム教を正しく理解しているならば、世界は実際に邪悪な状態にあり、それは、ムハンマドを通じて伝えられたアラーの言葉がまだすべての人々に広がっていないためであり、解決策はイスラム教が世界にもたらされることであると言う。大多数のイスラム教徒はこれが平和な行程でなされると考えており、これを聖戦（ジハード）によって達成したいと考えるごく少数の者たちと明確に意見が分かれている。

悪についてのキリスト教の一つの見方――ユダヤ教の一つの見方でもある――は、どのようなものだろうか。これは、今見た見方のどれかとどのように異なっているのか。もちろん、それこそが本書の主題であり、ここでは、答えの最初の一言を言うのも早すぎる。しかし、悪についての真剣な分析の中に含まれるべき要素は何かを考える助けとして、いくつかの点を述べておくことは妥当かもしれない。今の時点で私たちが考慮に入れるべき要素は三つある。

第一の要素は、私たち西洋で自明の前提となっている一つの思い込みにある欠点に気づくことである。その思い込みとは、民主主義の形が完全で、マグナカルタにさかのぼって続いてきた賢明で高尚なリバタリアニズムの長い過程の頂点として完成されたものだということだ。基本的には、現代のこの思い込みは、ものごとは自動的に自由化の方向に進んでいるとの含みで近代史を語る語り方の低度の例であるが、それにはあらゆる問題が含まれている。とりわけ、私たちの現在の民主主義諸制度がそれ自体、危機的状況にあることもその一つだ。アメリカ合衆国では、超富裕層が政治を動かし、経済的手段でも軍事的手段でも用いて合衆国が世界を支配する権利があるとの歯止めのきかないような信念が見られる。私自身の国、英国では、ますます大統領制に近い政治体制になってきており、議会が軽んじられ、有権者は不満を持っている。ヨーロッパでは、多重的な皮肉や緊張や腐敗や欺きがあり、それらの問題についての議論を単純な親EU派と反EU派ののしり合いと表現するのでは問題の取り組みにも解決にもなっていない。私たちは本当に、西洋型の政府が唯一の、あるいは最善でさえもある形だと確信しているのだろうか。私自身はいまだに、民主主義は時折試される他のすべての形態を除けばありうる最悪の政治形態である、というチャーチルの言葉に同意する。私はけっして、他のいかなる体制のもとでも暮らしたくない。けれども私はますます、少なくともある程度は、私たちの民主主義のやり方における問題点を見れば、たとえばアフガニスタンや、あるいは実際イラクなどに、私たちがやっている形の民主主義を採ることを期待することが正しいと思い込むことに慎重になるべきではないかと思えてくる。私が切に願うのは、「西洋民主主義」の旗を振るだけでは、私たちの集団的・社会的環境に現れている悪の問題は何も解決しない、ということに気づいていただくことだ。

考慮に入れるべき第二の要素は、心理学的要素である。著名なアメリカの精神療法士M・スコット・ペックは、長年不可知論者だった。彼は、悪など存在しないという標準的なモデルに従って精神療法を学んだ。しかし、彼が自分でも驚いたことにキリスト教を信じるようになった頃、彼は、少なくともある患者や、ときにはある患者の家族の場合、彼らが単に病気だとか、混乱しているとか、判断を誤っているると見るだけでは不十分だと気づくようになった。彼は、「悪」としか言い表しようのない、より大きな、暗い力と折り合いをつけることを強いられた。彼は、この不人気な見方を明確に述べるために『嘘の人々』（*People of the Lie*）（『平気でうそをつく人たち』森英明訳、草思社、二〇一一年）を書いた。もちろん、少なくともアリストテレス以来、意志の弱さ（アリストテレスの用語だと、アクラシア）というようなものがあることは知られてきた。私たちは皆、何か良いことを意図して代わりに何か悪いことをしてしまうことがどんなことなのか知っている。ペックによれば、精神療法が立ち向かうべきは、人間は悪に乗っ取られてしまい、嘘を信じて、それに従って生きるようになり、それが嘘であることを忘れてそれを自分の生き方の基礎にしてしまうことがあり得るという事実である。(a)通常の意志の弱さと(b)嘘に完全に乗っ取られてそれを信じることとの違いが程度の違いなのか質の違いなのかを私は言えないが、おそらく質の違いなのではないかと考えている。いずれにしろ認めざるを得ないのは、私たちは悪について語るとき、人間悪というものがあり、それはさまざまな形をとっていることに気づかなければならない、ということだろう。しかし、モダニティ（近代性）も、ポストモダニティもこのことに気づいていないように私には見える。それらの形の中には、それに関わっている人たちが、自分たちは正しいだけではなく、そのことについて指導的な者たちであると完全に確信しており、非常に説得力のある仕方でそう論じている場合もある。

私が言及した本の中で、ペックは自分の受けた伝統的な自由主義的教育と以前の理解に反して、超人格的、超人間的な悪の力、あるいは諸力というものがあり、それが個人としての人間や、場合によっては一つの社会丸ごとに乗り移り支配しているように見えると論じている。悪魔的なことを語る言語は、自由主義の現代社会では非常に問題を伴い、常に嘲笑の的となるので、口に出すのさえも危険に思われるかもしれない。しかし、二〇世紀の真剣な分析のほとんどは、実際に起こっていることを把握し、説明しようとする方法としてこの言語を用いている。私の心に最も強く思い出されるのは、トーマス・マンの偉大で悲惨な小説『ファウスト博士』（*Doktor Faustus*）〔関泰祐・関楠生訳、全三巻、岩波文庫、一九七四年〕である。彼のファウスト的人間は、徐々に明らかになるが、ドイツの姿そのものであり、自分の魂を悪魔に売り渡し、自分自身よりも強い力に乗り移られ支配されているのに気づく。その恐ろしい力は、多くの他者を破滅させるが、最後には自らをも破壊することになる。

私たちは悪のこの要素、この側面について、真剣に理解しようとし始めたばかりにすぎないように思う。モダニズムもポストモダニズムもこの取り組みを嫌い、キリスト教神学者の多くは、悪魔的なものに対する不健全な興味の危険に気づき、しっかりと避けてきた。私自身もほとんどそうして書いてきた。しかし、ウォルター・ウィンクが悪の諸力についての彼の主著[3]で強く論じたように、すべての集団組織は一種の集団的魂、つまり、その構成部分の総体よりも大きい一つのアイデンティティを持ち、それが構成員に何をどのようにすべきかを実際に命じる力をもつという見方が正しいと言える理由はたくさんある。これは、少なくともいくらかの場合には、これらの集団的組織が、それが会社企業であっても政府であっても、たとえ教会でも（神よわれらを助けたまえ）悪によって腐敗し、唯一「憑依」という言語によってしか、集団的レベルでの目の前の現象を説明することができないことがある、という見方につながる。

これは、アレクサンドル・ソルジェニーツィンが長年の追放後故国ロシアに戻った時に指摘した第三の点につながる。彼は、ロシア横断の旅路で会ったすべての人々を歓迎した。その中には、共産主義体制のもとで官僚として地元の同胞市民に暴政をふるい、一九八九年後もその職にとどまっていた者もいた。それに対し、悪の体制の一部だった者たちと親しくするとは、ソルジェニーツィンは何をしているのだと、異議を唱えた人々もいた。彼は答えた。いや、善と悪の境界線は、けっして、単純に「私たち」と「彼ら」の間に引けるわけではない。善と悪の間の線は、私たち自身の中にあるのだ。邪悪さというものがあり、私たちは、さまざまな程度の軽い邪悪さと大規模でひどい形の邪悪さとを区別しなければならない。私たちは、一度限りの些細な盗みをした人とヒトラーをまったく同様なものと考えたり、テストでカンニングをする人とビン・ラーディンが同じレベルの悪を犯せると考えたりするようなつまらない間違いをしてはならない。しかしまた、私たちは、ある人々を「善人」、ある人々を「悪人」とレッテル張りするようでは、また別のやり方で悪の問題を過小化することになり、それでは悪の問題への取り組みにも解決にもなり得ない。

これらの三つの要素——私たちの民主主義のやり方は正しいとは限らず、必ずしもすべての悪に対する普遍的な万能薬ではないかもしれないと率直に認める態度、悪の中にある超人格的要素である悪の深い側面を認識すること、そして、善と悪の境界線は私たちすべてのうちに存在していると認めること——は、形而上学的レベルでも神学的レベルでも、政治的レベルでも個人的レベルでも、悪をより良く理解しようとするためには、欠かせないと私は考えている。それゆえ、私はこれらの要素を考慮に入れて以下の章の議論をしたいと思う。ここで、この章の結びとしてやりたいことは、これから取り組む課題について、特に、キリスト教的視点から一言短く述べることである。

結論

これまで論じてきたように、私たちの時代の大きな問いは、私たちの世界の悪の事実に私たちがどのように取り組み、どのようにその事実とともに生きるかという観点から理解できる。伝統的な哲学者や神学者の難問にとどまらず、私たちは自分たちの町や世界で悪の問題に直面しており、問題は、賢い形而上学者の解決を待ってはくれない。私たちはいったい何をするべきなのだろうか。悪を無視したり、悪をすべて他人の落ち度だと宣言したりするような未熟なやり方で反応しないためには、私たちには、とりわけ政治家など多くの人々が問う問いに答えるより深く、より微妙な答え方が必要である。なぜこのことが起こっているのか。神は（言ってみれば）それについて何をしてくださったのか。そして、私たちはそれについて何ができるか、何をすべきか。

キリスト教はユダヤ教から発達し、世界を造った神が情熱と同情をもってこの世界に関わっていると信じている。古典的なユダヤ教や古典的なキリスト教は、決して、悪について未熟な見方や浅薄な見方をしなかった。だから、ライプニッツからニーチェに至るここ数世紀の主流の哲学者たちがいったいなぜ、悪の問題について考えたり書いたりするときに、キリスト教の見方を脇に追いやったり、安っぽく戯画化して片づけてしまったりできたのかは謎の一つである。立ち上がって異議を唱える神学者は一人もいなかったのか。問題は、欠席裁判で簡単に片づけられてしまったのか。

特に、キリスト教には悪を非常に真剣に受け止める一つの崇高な伝統があり、それは、悪の問題を明らかなやり方で「解決」しようとする誘惑に警告を発する。もしあなたが、「よし、それならよい。私たちは、今は、悪がどうして起こるのか、それについてどうすればよいのか分かる」と言うなら、あなたは問題をみくびっている。私は、一度、指導的な哲学的神学者がアウシュヴィッツについてそのようなことを言おうとしているのを聞いたことがあるが、不快なほど気まずかった。私たちは、打撃を軽く見るような言い方はできないしそうすべきでもない。私たちは、悪は結局それほどに悪くないなどというふりをすることはできないし、またすべきでもない。それは、安易なモダニズムに戻ってしまうことだ。先に言ったように、それは、狙いをよく定めた何発かの爆弾で「悪」を世界から駆除できるなどと考える政治的反応に匹敵するほど知的に未熟なことだ。このような考えではいけない。キリスト教徒にとって、問題はいかにして、被造物が善であり神に与えられたものであることをたたえ、同時に、悪の現実と深刻さを理解しそれを直視するかということなのである。そのどちらかを軽く扱って、たとえば、世界は本当は神の善なる被造物ではないのだと言ったり、悪は本当は結局それほど悪くはない、と言ったりすることで問題を「解く」のは容易である。しかし私が本章で論じてきたのは、問題は、単に私たちが哲学や神学として何を考えるかではないということ、そして、この問題への取り組みができていないことが、私たちが直接関わっている政治的社会的領域でのいくつかの複雑で緊急な問題に対して私たちが戸惑っていることの根幹にあるということである。

一つの社会として、そして一つの教会としてはもちろん、私たちは次のような問題に、真剣に取り組むべきだ。すなわち、私たちはいかにして、偉大な思想家や社会批評家たちが示してきた悪についてのさまざまな洞察を統合することができるのだろうか。私たちは、必要なときに、どのように、それらについてキリスト教の視点から批評できるのだろうか。そして、私たちは、いかにしてキリスト教的に語り、最も単純なやり方で問題を「解く」ことを試みるのではなく、より成熟した仕方でこの問題に向かい、悪の問題のさなかで、創造主かつ贖い主なる神へのより深くより賢明な信仰に到達することができるのだろうか。すべてを克服する愛によって、いつの日か、暗く驚異的な混沌の海がもはやなくなる新たな創造をなしてくださる神へのより深く賢い信仰にいかにして到達できるのだろうか。結局、ノアの洪水は、創造主なる神でさえも世界を造ったことを後悔したことのしるしである。しかし、少なくとも虹のしるしによって、洪水は、新しい始まり、新しい契約の始まりにもなった。もし私たちが進んで、世界の悪に神が流した涙と、混沌の海から出現するオリーブの枝を見つけに鳩を送り出す新たな創造性の両方の担い手となって働こうとするならば、きっと、私たちは正しい道を行けるであろう。海は強力だが、創造主なる神はそれよりさらに強い。悪という言葉は今でもタブーかもしれない。しかし、ありがたいことに、愛がある。

第二章

神は悪に関して何をなしうるか？　不正な世の中、正義の神？

序

第一章では、悪の問題を概観し、それについて私たちがまじめにキリスト教的に考えようとするときに書き留めておかなければならないいくつかの指標を提案した。私は、悪は単なる哲学的な問題ではなく、実際的な問題だと論じた。啓蒙主義の伝統は、悪を無視したり、見くびったりすることによって、傲慢の罪を犯した。一方、ポストモダニズムにおける啓蒙主義への批判は、重要とはいえ何も新しい解決を提供できない。そして私は結びとして、欧米型民主主義はそれ自体で地球規模の悪の自動的解決になると考えられるべきではないと示唆した。そして私たちは、超人間的な悪の諸力が存在することと、善と悪の境界線は「私たち」と「彼ら」の間にではなく、一人ひとりの個人やそれぞれの社会の中にあるということの両方を真剣に受け止めなければならないだろうと述べた。

私はわざと、聖書を読み始めないでおいた——海についての最初のイメージを除いてだが——

それは主に、私が、ユダヤ教やキリスト教の伝統の中に問題解決に役立つどのような資料があるのか問う前に、この問題が今日の世界にどう現れているかを、いわば予備的考察として見ておきたかったからである。しかしここでは、その埋め合わせに直接聖書の資料に飛び込み、聖書が何を提供してくれるかを見てみよう。明らかに、私は旧約聖書と新約聖書について、わずか一章ずつ書くだけでは、言いうることをすべて言い尽くすことはできない。表面をかする程度のことしかできないだろう。しかし、ときにはかするだけでも、決定的に重要な鍵が与えられることがある。

この章の題は、旧約聖書の非常に重要な一つの特色について私が気づいていることを反映している。私たちの西洋哲学の伝統では、悪について神が何を言うことができるか、という問いへの答えを期待し、あるいは実際に問う傾向がある。私たちは説明が欲しいのである。私たちは、悪が本当は何なのか、そもそも第一に（あるいは、少なくとも第二に）なぜ悪が存在するのか、なぜ、悪は存在し続けることを許されているのか、そして、この先どれだけ続くのか知りたいのだ。実際、これらの問いは、聖書にあるが、期待に反して、あまり完全な問いは与えられていない。そして確かに、後の哲学的伝統が十分と考えるような答えは与えられていない。この問いを逆の順序で見てみよう。詩編には頻繁に、この悪しき状況がどれだけ続くのかが問われている（一三・一、七九・五など）。邪悪さがここしばらくの間は許されているとの暗い示唆がなされているが、そう許されているのは神の裁きがなされるとき、その裁きが正しいことが分かるためである（創世記一五・一六、ダニエル書八・二三）。創世記三章と六章には、神の良き創造への侵入者としての悪の位置が垣間見られるが、それは一度も私たちの満足のいくようにはきちんと述べられていない。旧約聖書は三つの事柄の間を行き来している。偶像崇拝とその結果の非人間化として理解される悪、邪悪な人々が行うこと、特に彼らが義しい人に対して行うこととしての悪、そしてサタンの業としての悪である（「サタン」とはヘブライ語で「告発者」を意味する）。これらのどれも、本当には説明になっていない。聖書はまったく、神が悪について何を言えるかなど語りたいとは思っていないようだ。このことは、私が前の章で主張したことが正しいもう一つの強い裏づけとなる。つまり、キリスト教思想のうちの少なくとも一つの伝統は、私たちが悪をすべて説明し尽くそうとすることに対して警告を発しているということだ。

旧約聖書が語っているのは、神が悪について何を言っているかではなく、悪について神には何ができるか、神が何をなさっているか、そして将来には何をしてくださるだろうかだ。そこからさかのぼって、悪とは何か、なぜ悪が存在するのかについて聖書の考えを語ることは可能かもしれない。しかし、悪が何でありなぜ存在するのかという問題に主な関心が向けられていることは、旧約聖書にはまずない。旧約聖書に関する限り、神義論（神の義を、それへの反証的事実に対して擁護する説明）は、後世の哲学の観点では表されておらず、神と世界の物語、特に神とイスラエルの物語に表されている。

実際――旧約聖書全体を理解するためには決定的に重要なことだと私は思うのだが――聖書が

私たちに与えてくれるのは、一連の教義や倫理よりずっと少なく、同時に、ずっと多くのものである。「漸進的啓示」、つまり神が誰であられるかが次第に明らかにされていく啓示の過程よりもはるかに少なく、同時に、それよりもはるかに多くのものなのである。旧約聖書は、単に理論的に、「神について私たちに語る」ために書かれているわけではない。単に情報を与えて、知的探究心を満足させるためのものとして書かれているわけではないのだ。聖書は、悪について神が何をなしてくださったか、何をなしてくださっているか、そして何をなしてくださるだろうかを語るために書かれている（このことは、ヘブライ語聖書の配列にしろ、英訳聖書の配列にしろ、現在正典の旧約聖書をなす個々の書のほとんどに当てはまる）。これは、いくつかの異なるレベルでなされており、そのことは本書で間もなく掘り下げて見ていくが、最初にまず、旧約聖書全体に通底する物語の論理が、すべてはこのことを語るために書かれているとの前提に立っていることを理解しておかなければならない。

　これからの議論の方向付けを明確にするために特に三つのレベルを明確にしておきたい。第一に、私たちが手にしている旧約聖書の全体は、小さな蝶番で支えられた巨大な扉のようなもので、創世記一二章のアブラハムの召命を要にしている。これは創造主なる神が、創世記三章（人間の反逆とエデンの園からの追放）、創世記六章、七章（人間の邪悪さと洪水）、創世記一一章（人間の傲慢さ、バベルの塔、そして言語の混乱）に明らかになった問題に対処するためになしていることに見える。その内側に、私たちは二次的な問題を見出す――つまり、アブラハムの子孫であるイスラエルが、約束の担い手でありうるのに、彼ら自身が問題の一部になってしまうということである。これは、父祖たちの物語から出エジプトに至るまで、モーセからダビデまで、イスラエル土家の紆余曲折を経てついにイスラエルの捕囚に終わるまで、巨大な叙事詩的物語によって明らかにされていく。そしてその中に、私たちはさらに第三次的な問題を見出す――つまり、神に反抗したのは単に人類という種のレベルのことだけではなく、自らの役割を果たすことができなかったイスラエル民族だけでもなく、人間として、あるいはその中のイスラエル人としての個々の人も、罪深く、偶像を崇拝し、心が頑なだということである。

このことの結果は、旧約聖書のどのページにも明らかである。確かに、「悪の問題」は、旧約聖書ではしばしば、貧しく防衛力のない神の民を抑圧する邪悪な異教の国々というおなじみの形をとる。しかし、繰り返し繰り返し、歴史書や預言書は、イスラエルに、問題は「私たち」と「彼ら」を区別することよりも深くにあることを思い出させようとしている。西洋思想で哲学的、神学的理解の中心にされている個人の問題は、より大きなイスラエルや人類や創造そのものの問題の下位に置かれている。もし、旧約聖書をそのように読むことを学ぶならば（私たちは、教会や個人で聖書を短い箇所ごとに区切って読んでゆくときには、よくこのことを忘れている）、私たちは、特定の、時に困惑させるような木々だけではなく、森全体を垣間見られるようになるのではないだろうか。

祝福を更新するために

最初のところから始めよう。本章の最初の大きな部分では、創世記一二章とそこに発する物語が、創世記一章から一一章で提示された悪の三重の問いにどのように取り組んでいるかを解説しよう。そして、第二の部分では、この大きな物語の枠組みの中でアブラハムの家族がそれ自体、悪に染まっていることが分かった時に生じた幾重もの問題を扱おう。第三の部分では、より焦点を狭めてバビロン捕囚時代にしぼり、三つの聖書箇所を見る。その一つはヨブ記で、これは他のどの書にもましてこの問題と深く痛切に格闘している。このことは、旧約聖書が私たちを悪と直面させたまま、強力なテーマを詳しく示して見せただけで答えは出さずにいるやり方について、いくつかの結論に導く。

私たちは、アブラハム（あるいは、当時の名でアブラム。しかし、分かりやすさのために私はアブラハムという長い名の方を通して使う）を召命し――つまり召し出して――、彼と彼の一族を通して地上のすべての民族が祝福されるであろうと約束する神の決断から始める（創世記一二・一―三）。この約束はさまざまな形で何度も繰り返され、アブラハム、そして次に、イサクとヤコブに対してなされる。アブラハムと彼の一族を通して他の民族がどのように祝福を受けるのかは、特には言われていない。ただ、そうなることが神の意図だと言われているだけである。より小さな旧約聖書の物語のように、物語全体が、あれこれのことを見出し通りに理解するしかなく、イスラエルの民を通じてこの世界に祝福がもたらされるような気配がまったくないままに多くの章が進んでいっても、私たちは、少なくともこれが著者の心の奥にある（しかし、おそらく、神の心では前面にあるのだ）と理解するべきである。

創世記一二章はこのように、私たちを創世記一章から一一章にまで引き戻し、こう問わせる――もしこれが解決だとすれば、何が問題なのだろうか。私が示したように、創世記三章から一一章は、三重の問題を提示し、それに対してアブラハムへの神の召命が答えを差し出しているようにに見える。一二章からさかのぼっていくと、私たちが最初に出会うのは、バベルの塔の物語である。人間の傲慢さが、文字通り、名を成し安全さを作り出そうとする塔の建設ほどの高さに達する。神は地上に降りてきて、この小さな塔を見た（この文は皮肉なユーモアたっぷりである）。そして、人間の言葉を混乱させ、人類が彼らの高慢な野心を遂げられないようにする。神は悪について何をしているのだろうか。一方では悪に立ち向かい、裁き、悪が望むままの効果を上げるのをやめさせる何かをしている。もう一方で、神は、何か新しいことをなしており、人間という種族の呪いと分裂という、根本的な問題が祝福に取って代わられるようになるための新しい計画を始めている。アブラハムの一族がどのようにしてバベルの呪いを逆転させるのかは明らかではない。そして、今日の中東を見れば、それは今でも明らかではないと言う人もいるだろう。アブラハムの一族は、今やはっきりと二つに分裂してしまっているからだ。この分裂は、実際、はるか昔の創世記一六章と二一章にまでさかのぼる。ここで最初にイシュマエルが生まれ、次にイサクが生まれ、そのことが今日、一族の一派がエルサレムの方を向き、もう一派がバグダッド、つまり、古代のバビロンの方を向いている状況に直結している。創世記一二章の約束が新約聖書にまで入ってきたときに、そして、もちろん特にペンテコステの日に、私たちはその影響が分かるのである。ペンテコステがどのように、創世記一一章で出された問題に当てはまるのかは、早急に論じるべき問題であり、私たちはそこに戻ろう。

私たちは、特に二つの特徴に気づく。第一に、人間と土地の間に結びつきがあることだ。バベルの傲慢な人々は、町と塔を築いた。神は、アブラハムを遊牧の民になるようにと召し出す――当面定住の地を持たない――しかし、最終的には故郷となる地を約束する。第二に私たちは、創世記一二章で差し出された「解決」あるいは答えは、厳密に終末論的である、つまり未来にあるということに気づく。そして、この点から先に続く物語は、深いあいまいさを含まざるを得ない。アブラハムの一族は、世界が正されるであろう未来の約束を抱き続けて進んでゆくが、それはまだ実現していない。そのため率直に言って、アブラハムの一族も自分たちのバベルに当たるものを持つことになる。ついにアブラハムの一族は捕囚の民となり、行き着く先はバビロン、つまりバベルそのものである。解決となるべき民は、問題を経験するためにここに戻らねばならないのである。

さらに物語をさかのぼっていくと、第一章を構成する洪水の物語がある。これは、聖書全体の中でも最も悲しい箇所の一つを含んでいる。そこでは神が人類の邪悪さを心底悲しまれ、あまりの悲しさから、鬱状態になったと言えるかもしれないが、そもそも世界を造ったことを後悔なさる（創世記六・六）。洪水は、もう一度、悪に対する神の反応の同じパターンを提供する。一方で、文字通り滝のように降りかかる裁きが、地も動物も消し去った。一方で、破たんから一つの家族を救い出す恵みの行為があり、神の創造の目的は続くこと、そして、神は今や心に後悔と嘆きを抱いてその目的を実現することに真剣になっているのだということの両方が示される。神は創世記六章五節で、人間の邪悪さは大きく、人が心に思うことはいつも悪いのだと宣言しているが、この物語は何も、神がノアとその家族を救い出すことで彼らを他の人々と何か異なる者にしたとはほのめかしていない。ノアの一族はもちろん、後にアブラハムが生まれた一族だけではなく、バベルの塔を建てる人々をも含む。洪水は、神が、悪や悪がご自分の被造物になすことを憎まれること、そして、神は悪の進行を止める手段を取ることができ、ときには実際にそうなさるのだということを思い出させる。しかし、まさに神は至高の創造主だからこそ、ご自分が被造世界に意図した目的を成就するために他の道筋を見出してくださるだろうということをも思い出させるのである。バベルの場合と同じく、人間と土地の間には密接な関係がある。土地は人間に対する神の裁きの一部として洪水に遭う。そして人類の救いのしるしは、新たに水が引いた土地から芽を出した緑のオリーブの小枝であり、それは意味深いことに、人間ではない被造物である鳩によってノアにもたらされた。この物語はぶどう園で終わるが、そのことには新たな豊饒さがもたらされたとのメッセージと、悪の新たな可能性が地に忍び寄っているとのメッセージが深く入り混じっている。

さらにさかのぼると、有名な創世記三章の人間と蛇と禁断の木の実の話に行き着く。これについてはすでに多くのことが書かれており、いずれにしてもすべての文学のうちで最も深遠でまた謎でもある物語について、私には言うべき重要な新しい洞察は何もない。私たちは誰でも、この話が私たちに語ろうとしないことを知りたいと思う。つまり、そもそもなぜ神の美しい被造世界の中に蛇がいて、それがなぜ自分の狡猾さをあのようなやり方で用いたいと思ったのだろうか。悪を説明してくれる代わりに、物語は私たちに悪を簡潔に分析してくれる。特に自分自身と他人に対する欺きがいかに強力な役割を果たすか、またどのように思いや舌にたやすく弁解が浮かび、それでも責任の問題を言い逃れることができないかを見せてくれている。

物語は次に、もう一度、神がそれについて何をなさるかを教えてくれる。神は悪を裁き、その裁きは楽園から追放し何重もの呪いを課すという形でなされる。人間は、反抗的な状態にいる間は、命の木から実を採ることを許されてはならない。地面自体が呪われ、鋭く邪魔になる雑草を生やすであろう。神の創造の計画は今や、いばらやアザミや塵や死を経る長く苦痛に満ちた道を進まねばならない。しかし、追放にあってさえも、祝福のしるしがある。ただ、今ではそれとほとんど同じくらいに呪いのしるしがあるだけである。人間が多くの子を産み、増えていくようにという原初の命令は、今では恐ろしい両義性を持ってはいるが、それでも破棄されてはいない。

エバは主の助けでカインを身ごもったが、彼は創世記四章で結局殺人者になる。神に与えられた命のしるしは、その内に、今では同等に神に与えられた死の呪いを含んでいる。創世記五章でアダムの子孫が列挙されるとき、「そして彼は死んだ。……そして彼は死んだ」と繰り返されていることは、私たちに繰り返し創世記三章で起こったことを思い出させる。それでも、それぞれの時代の新たな命が新しい希望をもたらし、ついにアブラハムと祝福と土地についての新しい約束に行き着くのである。

旧約聖書の枠組みとなる偉大な物語は、こうして問題が三重に述べられ神の答えが繰り返されることによって始まる。悪は裁かれなければならない。厳しく裁かれなければならない。神は美しい世界を造った。悪とは、私たちがこの時点で定義できる限り、その世界を損なうことであり、世界を上下、裏表逆にする道である。人間は神を自分たちの命の源として礼拝する代わりに、人間以外の被造物に忠誠を尽くす。地は神を畏れ、神の似姿の執事によって賢く治められる代わりに、偶像を崇拝する人間たちの罪のために共に呪いを受けている。死は原初の光景では自然で害のない一つの様相であったと考えてもよいであろうが、今では毒が広がりすぎるのを防ぐために残忍にやってくる歓迎しがたい死刑執行人の様相を帯びている。神は、アダムが今や命の木から取って食べて、罪を犯した状態で生き続けることになるかもしれないと危惧し（三・二二）、その危惧からさらに傲慢な人類がますます愚かなことを企てるかもしれないということも同じほど、危惧するようになる（一一・六）。現在の裁きというのは、悪を止めて、それが行きすぎにならないようにするものなのだ。警告された「死」はさまざまな形をとる。アダムとエバには追放、ノアの世代には洪水、バベルには混乱と離散、というように。

しかし、神は次に、アブラハムにおいて、また彼を通して、裁きの言葉と御業に続く至高の恵みの業として新しい道が今開け、人類と被造世界への祝福というもともとの目的を進めることができると宣言する。物語の内側から、これが神ご自身にとって途方もなく高価な犠牲を要することになることを、私たちはすでにここで悟るべきである。自分の伴侶としたアダムとエバをエデンの園で探す神の寂しさ、洪水の前の神の悲しみ、バベルに対する神のどうしようもない絶望感――これらをすべて経験し続けなければならないことを神はご存知だ。そして、さらにひどいことまでをも、と。物語が展開していく過程で、さらに数限りない裁きの御業が、憐れみの御業と同様に、行われることになる。しかし、それでも物語は展開していく。その全体の構図は、ご自身の世界の中で働き続ける至高の創造主の御業であり、ついに祝福が呪いに取って代わり、帰還が追放に取って代わり、オリーブの枝が洪水の後に現れ、新しい家族が創り出され、そこでは散らされた言語が一つにまとまる。これが正典の旧約聖書を形作る物語の外枠である。

解決の民、問題の民

旧約聖書の本文はここから先、アブラハムの家族、つまり、神の解決を推し進めていく媒体となる民族に属する人々が、いかに自分自身も問題の一部になっているかを描く、非常に両義的な物語を語る。

創世記の語り手は、アブラハム自身が非の打ちどころのない聖人君子などではなかったことを明白に描いている。彼は二度も、自己防衛をはかり、サラが自分の妻ではなく妹であると嘘をついて罪を犯し、あやうく神からの約束を捨てるところだった。次に彼とサラは、神のやり方ではなく、自分たちのやり方で子どもを造り相続の問題を解決しようとする。その結果は、イシュマエルの悲劇であり、彼は母ハガルとともに荒野に追いやられ、それは、アブラハムとサラ自身の子どもであるイサクが危うく犠牲にされかかるという悪夢のような話に直結する。イサクの奉献のこの物語は非常に複雑ではあるが、私はこれが、アブラハムとサラがハガルとイシュマエルに対して行ったことと密接に関係していると信じている。約束はこの後も続くが、アブラハムの後に約束の担い手になる民族は、それが多大な代価を払って成就することを知るであろう。

アブラハムからバビロン捕囚以降までの物語ではこのテーマが続き、多様な両義性に満ちている。ヤコブは欺きと嘘で父イサクから相続権を得るが、その後、彼自身が姑のラバンにすっかりだまされる。彼は神と格闘した後、足を引きずって約束の地に戻る。神は約束を守るが、そうする際にご自分の民に、彼ら自身がそれに値しないことと驚くべき恵みの性質とを思い出させる。ヤコブの息子たちは弟のヨセフを奴隷に売り、ヨセフはそこで、以前は彼に欠けていた謙虚さを学んだだけではなく、神の不思議な摂理を強く感じるようになったようである。その摂理は、

「神は悪に関して何をなさるのか」との問いへの、聖書の中心的答えの一つである。彼の兄たちが、父ヤコブの死の後恐れおののきながら彼に会いに来たとき、彼は、「あなたがたはわたしに悪をたくらみましたが、神はそれを善に変えてくださったのです」（創世記五〇・二〇）と言っている。なぜか奇妙なことに、そして私たちにとっては時に厄介なことに、創造主なる神は、ご自分の世界から悪を単純に廃絶することをなさらないだろう。なぜだろうか。それはもちろん、これらの議論を取り巻く問題なのである。なぜなのか、との問いに私たちは答えを与えられていない。私たちは、その代わりはっきりと、神は悪を阻止し、抑制し、悪が最悪のことをしないように防いでくださるだろう、そしてときには、人間たちの悪意を用いて神ご自身の不可思議な目的達成のために用いられさえするだろうと、知らされている。

最も深くユダヤ教の形成に影響を及ぼしたのは、イスラエルがエジプトでの奴隷の境遇から解放された、出エジプトの話である。これは、神が悪に関して何をなすかという問題への鍵となる聖書の答えの一つである。ヤコブの子孫は非常に数が増え、エジプトで奴隷のように使われていた。エジプト人たちは、過酷に虐待的な仕事を課した。神はご自分の民の叫びを聞き、彼らを解放しに来られる。解決は一挙に、一瞬の閃光によってもたらされるわけではないが、いまでは一つの特徴的なパターンによって、一人の人間を召し出し、そして、もう一人の人を最初の人の隣りで働くように召し出す――その人たちは、物語が強調するように、彼ら自身欠点があり、ときにまごつく人間であり、彼ら自身、ときに叱咤されたり罰せられることさえ必要な者たちである。

けれども、彼らは、神の約束や新たな自由の救いの言葉を担い、はっきりと言い表す。しかし、主たる裁きは数々の災いのかたちをとってエジプトに下され、その結果、ファラオが最終的にイスラエルを退去させ、彼らは紅海を渡り、荒野での時代を過ごすことになる。それ以来ずっと今日に至るまで、「神は悪に関して何をなさるのか」という問いへのユダヤ教の主な答えはこうである——神はイスラエルを抑圧する邪悪な異教徒を裁き、ご自分の民を彼らの手から救い出してくださる。この答えは、旧約聖書全体に響き渡っている。特に、詩編のいくつかでは、苦しむ義人が自分の訴えや、人格や命を悪人や抑圧者や不信仰者から擁護してくれることを神に嘆願している。これは、新約聖書の時代にまでユダヤ教の文書に入ってきており、例えばソロモンの知恵などにも見られる。

旧約聖書自体は、これが（たまたまあなたがファラオでなければ）励ましになる話ではあるが、単に話の片面にすぎないことを明らかにしている。もう片方の面は、救われたイスラエルが、相変わらず不平不満を言い、反抗的で、不満だらけの民だということである。出エジプトの物語を素朴に読めば想像できるのは、彼らが感謝して従順に神を信じることだが、イスラエルはそうせず、代わりに、エジプトに戻りたいと考えて四〇年を荒野で過ごす。彼らは、約束の地に巨人がいるからと言って、そこに入ることを恐れ、罪ある人間性のあらゆる兆候を示す。その当然の報いが彼らの苦境のはずである。シナイ山で彼らが召命を受けた時、彼らは、神の祭司、神の聖なる民、すべての民の間にあって神の宝と呼ばれる（出エジプト記一九・五—六）。しかし、彼らほどそれにほど遠い者たちは考えられないほどだ。

最悪のことは、神の礼拝のために立てられるべき幕屋の長い描写とアロンとその子孫が祭司としてその中で奉仕するための聖別の詳細な指示の後に起こる。モーセが山から下りてくると、アロン自身が金の雄牛の像を造り、それを礼拝するように人々を促している。二〇〇〇年後、ラビたちは悲しみの中で振り返って、イスラエルの物語の中ではこの瞬間がアダムとエバが楽園で行ったことに匹敵すると語ることになる。イスラエルは神の約束を担う民として諸民族の光になるように召命を受けたのに、イスラエル自身が暗闇の中にいるあらゆるしるしを見せている。

神がその時に悪に関してなさったことは、またもや、裁きであり、それは非常な厳しさをもってなされたので、あたかも、かつてのノアの時と同じく、神はモーセと一からやり直しをしなければならないと考えておられるかのようであった。しかし、神はアブラハムと約束をしており、しかも全被造世界へのご自分の目的にずっと信実であろうから、アブラハムの一族への目的に対しても信実であり続けてくださるはずだ。そして、聖書の中でも最も素晴らしい祈りによって、モーセが強いて神にこのことを思い出させると（出エジプト記三二・一一―一四、三三・一二―一六）、神は、民の方が神に不実だったこの時でさえも、イスラエルに対して信実であり続けたのである。

おそらく、カナンの征服の時ほどに、この姿勢の両義性が辛辣な（そしてその反響が今日まで続いている）箇所はどこにもないであろう。物語は、アブラハムの物語の場合と同様、イスラエルが約束の地のほとんどを征服することに成功した時でさえも、彼らの失敗や愚かさを繕ってごまかそうとの試みは一切なしに語られている。私たちは、創世記の著者によって、この瞬間と、少なくともその道徳的問題については、予期させられている。創世記一五章にさかのぼれば、神はアブラハムに、彼の子孫が約束の地に戻るのは四世代後であり、それは「それまでは、アモリ人の罪が極みに達しないからである」と言っている（一五・一六）。この言葉で分かるのは、アブラハムの家族がどのように、この世界で神が悪を処理する手段なのかを語る大きな物語とともに、あるいはその物語の下敷きとして、脇筋があり、そこでは神が世界のさまざまな民を見張っているということ、それは、彼らが悪くなったらすぐに罰するためではなく、彼らがある程度の限界を超えないようにするためだということが語られていることである。アブラハムの時代には、神はアモリ人が邪悪であるが、その度合いがそれほどひどくないことを知っている。しかし、彼らはより悪しくなるであろう。遅かれ早かれ、定められた時に、約束の地を占領している非ユダヤ民族は、裁きにふさわしく熟す。そして、そのときには神は裁きの手段としてご自分の民を用い、民にその土地に入らせる。これは、イザヤ書一〇章五―一九節に見られる神の道徳的摂理の見事な描き方に匹敵する。すなわち、神は反抗的なイスラエルを罰する一つの方法として異教の傲慢なアッシリアを最初に用い、この業が完成したとき、今度はアッシリアを、まさにその異教的傲慢さゆえに罰するのである。これはおそらく、神は人の怒りまでもが神をほめたたえるようにすると詩編作者が言うことの意味だろう（詩編七六・一〇）〔口語訳参照〕。

しかしこのことはすべて、イスラエルにとっては大変な責任であり、イスラエルはそれに応えることはできないだろう。それゆえ、士師記の一連の悲喜劇が起こる。ヨシュアのもとで約束の地を征服した後、イスラエルの人々は繰り返し過ちを犯し、神は彼らを彼らが自ら招いた難儀から繰り返し救わねばならない。特徴的なことに、救済者自身、徳の見本のような人物ではない。欠点のある英雄サムソンを考えてみてほしい。私たちは歴史的にすべてを見渡せる優位な点から見ており、啓蒙主義思想以降は道徳的にも自分たちがより優れていると思いなして過去を見てきた。そして、私たちは、征服や入植の悲しむべき出来事に首を横に振る。私たちはこれを、民族浄化と呼ぶ。そして、イスラエルの人々がどれほどエジプトで苦しんだとしても、彼らがカナン人に対して行ったことについて正当化されるとはとても信じ難いし、この軍事行動に関わった神が、私たちがイエス・キリストにおいて知るのと同じ神であるとも信じ難いと思うのである。

しかしそれでも、エデンの園以来ずっと、ノアの時の神の悲しみからずっと、バベルやアブラハムの時からずっと、物語は、神が世界を窮地から導き出すために取らざるを得なかった厄介なやり方について語ってきた。どういうわけか、私たちには不快に思えるようなやり方で、神は世界を正しい状態に戻すために自分の長靴を泥だらけにし、どうやら自分の手を血に染めることまでなさらなければならないのだ。もし私たちが今までの多くの人たちのように、そのようでなかった方がよかったと断言するなら、私たちは反論を受けて、自分たちはいったいどのような一片の乾いたきれいな地盤に立ってそれほどの高みから見下ろし、それほどの確信をもって問題に判断を下すことができるのか、との問いに向かわねばならないだろう。ディートリヒ・ボンヘッファーは、人間の第一の罪は善悪についての知識を神についての知識よりも優先することにあると宣言した。これは、創世記三章のさらに難解な神秘の一つである。確かに、私たちが善や悪という意味と神の意味する善や悪との間には、何か実質的な連続性があるに違いない。そうでなければ、私たちは実際、道徳的闇の中にいることになる。しかしボンヘッファーの言葉は、私たちはあまり確信をもって尊大に、神が何をすべきで何をすべきではなかったかを語ってはならないという警告としては役に立つ。

占領の物語は、約束の民イスラエルがついにその地に入るところで終わる。敵に包囲され、反抗的ではあったが、ともかく住み着いた。イスラエルはその時から壊れた道標さながらだったが、ぐらつきながらもやはり、創造主が人間たちを救い、創造の業を完成させようとする意図を将来に向けて指し示している。

士師記の安堵のため息とともに士師の時代は終わり、王たちの時代が取って代わる。しかし、今すでに、私たちが当然予想できるように、王政の制度はそれ自体、最初から欠陥があった。預言者サムエルは、人々が間違った理由から王を求めているのを知っていた。そして彼が民に与えた最初の王（サウル）は悪くなった。次の王のダビデは、神の御心に適った人だったが、他人の妻にあまりにも強い興味を持ちすぎ、結果として、自らの屈辱的な追放と、それとほとんど同じくらいみじめで高価な代償を払っての王位復帰を経験した。これは、民全体がこの先五〇〇年後に経験することの雛形のようである。一方で、特に詩編などに明らかなように、ダビデとその王朝は悪の問題に対する神の答えと見るべきである。ダビデとダビデ王朝は、世界に裁きと正義をもたらすであろう。彼らの支配は、一つの海から他の海まで、ヨルダン川から地の果てにまで及ぶだろう。そして、それでも著者たちは、そのようなことを言うことの謎と両義性に十分すぎるほどよく気づいている。王の詩編の中でも最も素晴らしい詩編八九編では、ダビデ王朝を通して神が行うであろう素晴らしいことを賛美する三七節が、なぜすべてのことがうまくいかない方に行ってしまうのかを悲しげに問う一四節に対置されている。この詩編はそうして、ヤハウェを永遠に讃える一節で終わる。これは、古典的な旧約聖書の図式である。こちらには約束があり、こちらには問題があり、神はその逆説に関して主権を持つ至高の存在である。この詩編を半分に割ってしまえば、どちらにしても、聖書全体の独特の趣を理解できない。悪の問題に対する神の解決であるダビデ王朝の設立は、これを通してイスラエルがついに諸国民の光になり、世界に正義をもたらすためのものだったが、すでにもう戸惑いと失敗の感覚、計画はしかるべきようには進んでいないという感覚が伴っている。できる唯一のことは、すばらしい約束を片手に、混乱した現実を他方の手に握って、いずれにしてもヤハウェを賛美することである。

詩編は、他の多くのことも含むが、実際、悪と、神が悪について何をなさっているかについての省察の宝庫である。詩編は、ユダヤ教の信仰の一部を古典的に述べる言葉で始まる。神の道に歩む者は幸いであり、神に逆らう者はもみ殻のように風に吹き飛ばされるであろう。慣習的なこの知恵は、他の詩編や、もちろん箴言にもしばしば繰り返される。ある詩編の作者は、自分は若い時にも老いた今も、主に従う人が捨てられ、子孫がパンを乞うのを見たことがない（三七・二五）と大胆に宣言している。事態がそれほど単純明快ではないことは、ヨブ記を見るまでもない。他のいくつかの詩編は率直に、ほとんど怒りながら、義人が不正を被っており、神はそれについて何もしていないように見えると指摘している。詩編七三編は傑出した言葉でこの問題と格闘し、最後には長期間の解決の方向を指し示している。神は、最後にはおそらく死そのものさえも超えて、邪悪な者たちを裁き、正しい者たちの義を証するであろう。詩編九四編も同じ方向を向いている。義人たちの現在の苦しみは、神の懲罰であり、やがて救出と救済につながるだろう。他方、邪悪な者たちには、究極的な罰として苦しみが後に取っておかれている。いくつかの詩編は、「主よ、いつまでですか」と問うが、決して明白な答えを受け取ることはできない。その一方で、「あなたの栄光について人々は語る」（詩編八七編）として知られる美しい詩編と、今私が語った偉大な王の詩編の間に、聖書の祈りの中でも最も暗く希望のない詩編八八編がある。

わたしは若い時から苦しんで来ました。
今は、死を待ちます。
あなたの怒りを身に負い、絶えようとしています。
あなたの憤りがわたしを圧倒し

あなたを恐れてわたしは滅びます。
それは大水のように
絶え間なくわたしの周りに渦巻き
いっせいに襲いかかります。
愛する者も友も
あなたはわたしから遠ざけてしまわれました。
今、わたしに親しいのは暗闇だけです(4)(一六―一九節)。

ここで希望を暗示するのは唯一(もし本当に希望があるのならばだが)二人称単数である。詩編作者は、自分に起こったことは、ほかならぬ、ヤハウェ自身の不可解で恐ろしい業であると示唆している。彼はそれが理解できない。彼はそれが起こるべきことではないと知っている。しかし、彼はほとんど冒瀆的とも思えるほどに、ヤハウェは至高の主権者であると信じ続けるのである。

これはもちろん、捕囚期の預言者たちに起こっていることである。そして、実際詩編八八編は、エレミヤの哀歌に匹敵する、共同体全体を代弁する発言と読むことができよう。異教の国々は、イスラエルに対してだけではなくイスラエルの神に対しても勝利を祝うかもしれないが、当時の預言者たちは、むしろほかならぬヤハウェ自身が、はるか昔にアダムとエバにしたように、彼らの反逆の罰に彼らを約束の地である楽園から追放したのだと主張するのである。聖書で実に中心的な追放と帰還の物語は、「ヤハウェは悪について何をしておられるのか」との問いに対する偉大で神秘的な答えになっている。神の正義の問題は、聖書の至るところで暗に問われているが、ここでは正面から向かわれている。

本章の第三の最後の箇所で、私たちは、山をさらに高く登るように私たちを招く三つの書に行き着く。登るためには、霧の中に入って行って新しい知恵の言葉を求めて耳を澄ますことが必要だとしても、である。

私の僕イスラエル、私の僕ヨブ

神はサタンに、「お前はわたしの僕ヨブに気づいたか」(ヨブ記一・八)と尋ねる。実際は、サタンは、気づいているともいないとも言える。神がそもそもなぜサタンにそのような問いをしたのかは、ヨブ記の謎の一つである。私たち自身もヨブについて考えるが、しかしその前に、旧約聖書でのもう一人の方のヤハウェの僕について、彼がヨブとそれほど違うのかを見ておきたい。そして、もう一つの、同様のパターンが出されている書を見ておく。旧約聖書中、一見して神の正義や義と最も関係が深い書は、時に〈第二イザヤ〉と呼ばれる、預言者イザヤの書の一部である四〇―五五章、あるいはおそらく四〇―六六章である。

イザヤ書四〇―五五章は、通常捕囚期にさかのぼると考えられており(しかしこのことは、本書の目的にとっては何も違いをもたらさない)、イスラエルが捕囚の憂き目にあっているのに、どうしてヤハウェが義でありうるのかという問いと格闘している。すぐに明らかに見えてくることだが、ここでは、この世界全体を道徳的に統治する神の問題がより小規模に、クローズアップして焦点をしぼった形で問われている。バビロン捕囚のイスラエルは、今少し前に述べたように、楽園を追放されたアダムとエバのようである。しかし神は人間という種族を、神ご自身の似姿をもつ執事として、神の代わりに被造世界を賢く治めさせようとして創造した。そして、その契約は忘れられていない。それが、悪の問題の聖書的な形である。神の下での人間の務めの長い記憶が、現在、人間が反抗して土地は茨やアザミを生やしているという事実と緊張関係にある、ということである。

同様に、イスラエルが国を追われたのも、目に余る非行のため――つまり、偶像崇拝、不道徳、ヤハウェが彼らを従順さへと呼び戻そうとする声を執拗に拒む態度などのためだった。しかし、神がイスラエルを呼び出したのは、彼らを通して世界や人類、被造世界そのものを贖うためだった。そして、その意図は忘れられていない。悪の問題の大きな聖書的な形は、より鋭く焦点を絞られたイスラエル捕囚の問題に反映している。そしてイザヤ書四〇―五五章は、ヤハウェは依然として至高の創造主であり、今でもイスラエルと契約関係にあり、とりわけ義(*tzaddik*)であり、契約と被造世界の両方に対するこの義のために、つまりこの信実さのために、イスラエルは救出され、被造世界自体も修復されるであろうと宣言する。イザヤ書五五章はこの部分全体の壮大なクライマックスであり、茨に代わって糸杉が、おどろに代わってミルトスが生えるだろうとの歓喜の賛美がなされている。イスラエルが贖われて契約が再び確立されるときに、創世記三章の呪い自体が、後のイスラエルに対する呪い（たとえばイザヤ書五章にある）とともに解かれるであろう。

もし不正な世界での神の正義を理解したいのなら、ここここそ見るべき場所だと、預言者は言う。神が有徳な者に褒美を、邪悪な者に罰を配分することは、途中経過として非常にしばしば見出されるが、神の正義は単にそれだけではない。神の正義は、救済の、癒しの、修復的正義（Restorative Justice）である。正義の神は創造主なる神であり、ご自分の創造の最初の計画をまだこれから完成なさるのであり、その正義は、単に不調な世界の均衡を取り戻すことだけを意図しているのではなく、そもそも最初に造った被造世界に、命と可能性に満ちた豊饒と輝かしい完成をもたらすことを意図している。そして、ご自分の似姿に造った人間を通して、より正確に言えば、アブラハムの一族を通して、この計画を妥協なく必ず完成しようとしていることには変わりない。

しかし、どのようにしてだろうか。イザヤ書四〇—五五章には、ヤハウェの僕のイメージが細かく織り込まれている。この僕を通して、ヤハウェの正義と救済の目的は達成されるであろう。この僕は、四二章では王的な姿で私たちの前に現れ、九章と一一章での王的人物と明らかに結びつき、六一章の王的人物とも似ている。それでも彼は、王とは多くの点で非常に異なっている。

彼は明らかにイスラエルであり、あるいはイスラエルを体現した一人の人物と言った方がよいかもしれないが、イスラエルが神から与えられた使命を共有し、今ではイスラエルの運命を共有して追放され、打ちのめされ、殺される。しかしまた、彼は、イスラエルに相対してもおり、イスラエル自体は恐怖をもって彼の運命を見る。そして、イスラエルの残りの者は、「主の僕の声に聞き従う者」〔五〇・一〇〕とさえ呼ばれている。イザヤは私たちが今見る悪の問題、世界の不正と創造主なる神の問題を定義し直し、説明を必要とする哲学者の謎としてではなく、至高の創造主なる神からの新しい業を必要とするすべての被造物の悲劇として捉え、それが至高の契約の神からの新しい業を必要とするイスラエルの悲劇に集約しているように見ていた。

そして、私たちにとっては驚きであり（もし私たちが、自分がどのような者なのか知っていれば）恐怖でもあることに、イザヤ書五三章ではこの新たな行為が僕自身の苦難と死に鋭く集約される。僕はイスラエル追放の運命を共有するが、追放は創世記三章以来死そのものと密接に結びついており、彼はそのようにして多くの人々の罪を担う。彼は至高の神の契約に対する誠実さ、修復的正義を体現する。そして、彼の受けた傷によって私たちは（おそらくこの「私たち」は、驚きと恐れで見ている残りの者たちのことであろう）癒されたのだ〔イザヤ書五三・五〕。

旧約聖書で、不正な世界での神の正義の中心に描かれているのは、不誠実なイスラエルに対する神の誠実さである。そしてそこに描かれた中心にあるのがヤハウェの僕、つまりイスラエルに対して立ちイスラエルの運命を自ら引き受け、イスラエルが捕囚から救済されるようにする僕の姿である。彼は、イザヤ書五五章にあるように、茨に代わって糸杉が生え、おどろに代わってミルトスが生える新しい創造に向かって人類が進んでゆくことを可能にする。旧約聖書最大の預言者は更なる説明なしに、これが成就するであろう唯一の真の神の新しい御業を将来に指し示すのである。僕は、イスラエルでもあり、また、イスラエルの神の新たな使者でもある。彼は王でもあり、またいかなる王でも決してできないことをなす人でもある。旧約聖書に関する限り、これは謎のままであり、悪の謎自体のプラスの面である。

同様の謎が、私の取り上げた三つの書のうちの二つ目にも見られる。ダニエル書はイザヤ書四〇―五五章と取り組んで、それをイザヤ書の後の状況に当てはめた最初の書の一つで、ダニエル書の関心はひとえに悪の問題にある。つまり、異教の帝国がいかになせる限り最悪のことをなし、唯一の真の神が彼らに対していかに裁きを下し、神の真の民の正しさを立証したかにある。この書のさまざまな箇所で、そして特に一一章と一二章では、神の僕の人物像がイスラエルの中の義人を表して用いられているようである。捕囚にあってもヤハウェに忠誠を保ち続け、そのために苦しみを受け、異教の帝国の手によって殉教し、（私たちが第一章で見たようにこの書の中心的イメージで）海から上がってきた怪物に傷つけられる。この世の諸王国は、神の王国に対して猛威を振るってくる。悪の問題は牙をむき爪を生やし、哲学者たちの議論の穴からうなり声をあげて現実世界の舞台へと飛び出し、園を砂漠に、生きた人間を塵と灰に変えてしまう。私が前の章で論じたように、私たちの現在の世界が悪の現実と折り合いをつけることができず悪の問題に未熟で不適切なやり方で反応してしまう理由の一つは、悪を、世俗主義がもう長らく肩をすくめてきた哲学者の謎であると考えるか、あるいは、現代性がついに解決した旧式の困難さであると考えるかのどちらかだったからである。一方でダニエル書を研究し、もう一方で現実の現代世界を研究する人は、もっと分別を持つべきである。悪は生きており、強力である。特に、力を持った帝国がうぬぼれて、自分たちがしたいことならば、たとえそれが園を砂漠に、砂漠を墓場に変えることを意味するのであっても、自分たちの思い通りにできると勘違いしているようなところではそうなのだ。

ダニエル書の中心には、イザヤ書の僕の人物像といくらか対応する形で、神の救済の義を受け取り具現する同様の役割を果たす、「〈人の子〉のような者」（七・一三）という人物像がある。この表現のもともとの意味と後世による解釈については、非常な議論がなされており、これについては私はすでに他のところに詳しく書いた。しかし、ダニエル書七章のドラマは、単なる言語学的な論争に堕すべきではない。海から上がってくる怪物は、すでに見たように人間に対して闘いを挑むが、神は人の子をこの獣の上にあげる。

これは一つのレベルで、アダムが楽園で動物たちに対して権威を持つ位置につけられたのと非常に似ている。それが実際、要点の一部である。これは修復された創造のイメージ、しかるべく機能する秩序に戻された創造のイメージである。しかし、今回は悪と被造世界の混乱の長い歴史の後で、動物たちが脅威を与えるようになっており、動物に対して新たに設定し直された支配は、懲罰的裁きのものになっている。ダニエル書七章は基本的に法廷の場面になっている。神が席につき、獣に対して「人の子」を支持する判決が下される。不正な世界に対する神の正義はこのようなものとなるであろう。神が創造を修復することは、神が悪の力をしかるべく覆し、神に忠実な民の正しさを立証することによってなされるに違いない。ダニエル書の最後に、私たちは次のような問いとともに残される。しかし、誰が神に忠実な民なのであろうか。そして、そうしたことはどのようにして成し遂げられるのか。人の子とは誰なのだろうか。

考えるべき第三の、最後の書は（必然的に、あまりに簡略にしか扱えないが）、もちろん、崇高で非常に難解なヨブ記である。言いうる、そしておそらく言うべき多くのことの中から、私は、ここでは次の六点を選ぶ。

第一に、ヨブ記は、詩編のいくつかと同じく、はびこる悪に照らして神の道徳的摂理の問題を提起する――この悪はこの場合、ヨブ自身に向けられる。神の正義の問題はヨブ記で、捕囚文学で提起されるのと類似したやり方で掲げられる。そして、その答えは、もしそれが答えならば、創造主としての神の力を新たに提示することにあり、それは、イザヤ書とダニエル書が差し出す答えの――もしそれらが答えであればだが――神学的根拠でもある。

しかしながら第二に、ヨブ記の要点はすべて、イスラエルは目立って罪深く、イザヤやエレミヤやエゼキエルやダニエルのような預言者たちは声高くこの点を強調しているにもかかわらず、ヨブは無垢である、という点にある。捕囚の通常の分析は、イスラエルが完全にそれに値するというものだった。ヨブ記の要点はすべて、ヨブが苦しみに値しなかったということにある。彼を慰めに来た者たちは、明らかに申命記や詩編一編などの読みに依拠し、善人には良いことが起こり、悪人には悪いことが起こる、それゆえもしあなたに悪いことが起こるならば……あなたは何か悪いことをしたに違いない、と主張する。ヨブ記は、現世の状況の包括的な分析として、この見方に対して大規模な抗議を仕掛けている。これは詩編七三編に似ているが、ただ違いとして甲高い抗議がはるかに長く続けられ、神への信頼と賛美への詩編に見られるような転調が見られない。

第三に、ヨブ記は「サタン」がヨブの苦難の源であることと神がサタンに許可を与えていることと――いや、むしろ助長していること――を知らせる冒頭の二章を枠としている。これは、「サタン」が旧約聖書に顔を出す珍しい機会の一つで（他の主な例は、歴代誌上二一・一でダビデの人口調査のことが語られる時である）、明らかに、「サタン」という言葉は一つの肩書、つまり職制である。その意味は、彼が「告白者」つまり、公の起訴を指導する者だ、ということだ。彼は、正確にはヨブが罪を犯すようには誘惑していない。彼がヨブに神を呪わせるように誘惑しているというのは要点の一部ではあろうが、ヨブはそれも拒否している（彼はそのほかあらゆるものを呪い、自分が生まれた日まで呪っているが、それは単に、神に不満を述べ、神の名高い正義はいったいどうしてしまったのかと問うているだけなのだ）。ヨブはこれが自分と神との勝負であると考え（だからこそ、自分が罪を犯していないと知っていた彼は、神がひどい間違いを犯したと考える）、ヨブを慰めようとする友人もそう考える（だからこそ、神は誤りを犯さないと知っていた彼らは、ヨブが何かしらの罪を犯していると推測する）。しかし私たちは、ヨブの苦痛と問いを特権的知識をもって見るように促されていて、これが実際はヨブが考えているのとは異なり、神とヨブの勝負ではないことを知っている。またこれは、直接的には二元論者たちが考えそうな神とサタンとの勝負でもない。そうではなく、これはサタンとヨブの勝負なのだ。サタンはヨブを自分の影響下に収めようとしており、人間は神の面倒には値しないと示そうとしている。一方、ヨブの方は、神は正しくあるべきだということと、彼自身も正しいとの両方を主張し続ける。

第四に、この書の締めくくりにある被造世界の秩序の壮大な提示は、問題の答えとなっているともいないとも言える。実際ある意味で、これは問題を言い直している。もし神が真に至高の創造主であり、ベヘモットやレビヤタンを支配し、北風をその倉から呼び出す至高の創造主であるのなら、この宇宙の道徳的側面をもっと良いように運営すべきではないか。またこれは単に、「見よ。私は神であり、非常に力強い。それゆえお前はただ黙るがよい」と言っているのでもない。また、最近の学者たちからは、ベヘモットやレビヤタンは神がその上に至高の支配を示して見せる悪なる被造物として意図されているとの示唆もあるが、私はそれもありそうにないように思う。しかし、聖書のより大きな文脈では、創造の教義を強調し直すことは実際、神が誰であり何をしているかに関する聖書のすべての答えの基礎である。それは、すでに見たように、イザヤやダニエルにとってもそうであるし、新約聖書でも依然としてそうである。

第五に、そしておそらく最も重要なことに、ヨブ記四二章の結末は、多くの人々にとって非常な期待外れで、ほとんど陳腐にさえ感じられてきたが、それが主張していることゆえに重要である。もし著者が異なる神学的立場の者であれば、ヨブの死後、天使たちが彼を楽園に運び、そこはあまりに素晴らしくて彼は地上でのつらい時期をすっかり忘れてしまった、と言うことは容易だったかもしれない。しかし、絶対に要点はそこにはない。問題は、この世での、神の道徳的統治に関してであり、私たちがどのようにこの世を後にして別の世界で慰めを見出すことができるかではない。そちらのほうは、仏教にとって王道であるが、聖書神学の道ではない。私たちはヨブ記の最後の章を少しつまらなく感じるかもしれず、この書の著者はまだ、ドストエフスキーの『カラマーゾフの兄弟』での問い、つまり、ただ一人の子どもの悲惨な苦しみを目前にして神を正当化することは可能であるか、との問いは解決していないように見える。しかしヨブ記は、もし神が創造主であるなら（そして、それが結局この書全体の前提なのであるが）、もしものごとが正されるとすれば、他のどこかではなく、創造されたこの世界の内部で正されることが重要なのだと強調している。

第六に、そして次の章につながることとして、ヨブとヤハウェの僕の近似性は、やはり非常に顕著である。僕は結局、まさにヨブのように無実である。彼はヨブのようには不平を言わない。しかし彼も、痛みと絶望だけでなく、屈辱を受ける。ふたたび聖書正典全体のより大きな文脈で見れば、ヨブ記全体がゲツセマネの悲惨な光景を先取りすると読めると言えるかもしれない。ゲツセマネでも、慰め手が慰めになれず、被造世界そのものが暗くなり、怪物たちが無実の人物を取り囲み迫ってくる。そして、その人物はそれらすべての意味を問うている。しかし、そのことについてさらに述べるのは次の章にしよう。ヨブ記はそれ自体、驚くべき文学的技術においてのみではなく、待ったなしの問いに答えようとする神学的な探求としても、また、今日の悪の問題を〈解決する〉ことは、この問題を軽んじることであるとの主張においても、そして、一見明らかな証拠に逆らって、イスラエルの神を世界の創造者かつ主として神学的にほめたたえていることにおいても、金字塔的作品である。

結論

悪の問題への旧約聖書の取り組みを見るこの波乱に満ちた旅を締めくくるに当たり言えることは文字通り何十もあるが、ここでは四つだけに限り述べる。そのうち最後の点は、少し先へと議論を進めることにつながる。

第一に、悪の力の具現化としてのサタンは、まったく重要でないわけではないが、それほど重要ではない。悪の起源は神秘のままである。そしてサタンは、彼（あるいはそれ）が現れるときには、厳密に限界内にとどめられている。私たちはまだ、黙示録の竜や、イエスを山上で誘惑し彼の耳にささやいた邪悪な者からは、離れたところにいる。

第二に、悪に関しての人間の責任は一貫して明らかである。そして、これについての理論はまったく与えられていないが、すべての人間は（あるいは、事実上すべての人間は）、この問題を共有しているように見える――エゼキエル書一四章一四節は、ノアとダニエルとヨブをいまだかつて生きた最も正しい三人としてあげているが、私たちはノアが酔っ払ったことや（創世記九・二〇―二三）、ダニエルの罪の告白の祈りや（三・四）、ヨブがこれ以上自分を弁護する言葉を失って手で口をふさいだこと（ヨブ記四〇・四）を思い出す。ダビデは、偉大な聖人であったが、やはり大きな罪を犯した罪人でもあった。アブラハムは間違いを犯し、モーセもときに誤った。神はある民族を選んで世界を正そうとしているが、その民族自体、深く欠点を負った人間たちからなり、そのことによって彼らは第二、第三段階の悪の問題を生じさせ、今度はそれらの問題が取り組みと解決を要するのである。イザヤ書五三章の不思議な、黙した人物だけが、罪なく正しくあり続けた人物と言われて私たちの前に立っている。

第三に、人間が行う悪は、被造世界が囚われの身になっていることと分かちがたく結びついている。これは、めったに一対一対応の原因－結果の問題ではすまない。むしろ、創造主に対する人間の反抗から被造世界自体の乱れにまでさざなみのように広がっていく出来事の連関が、網のように入り組んでいる。同様に、人間たちが正されるとき、世界は正されるだろう。地震や他のいわゆる「自然災害」についてては何の理論も差し出されていないが、疑いもなく、預言者たちはそれらを天から送られてきた警告と理解して納得していたのであろう。

第四に、旧約聖書は決して哲学者たちが求めるような、あらゆる事物が整然と説明されているような安定した世界像を私たちに与えようとしてはいない。旧約聖書の世界観は、いかなるときも、宗教的人間はこのように信じているに違いないと多くの懐疑主義者たちが思いなしているような、つまり、神が巨大な機械の全能の管理指導者で、その機械をしかるべく作動し続けさせることができるはずだというような、単純な世界像に堕すことはない。私たちにその代わりに差し出されているのは、より奇妙でより神秘的な世界像である。不正な世の中の内なる、神の正義の計画の物語である。

この計画は、今ある世界を一掃して何か代わりのことをしようとするのではなく、むしろ今ある被造世界を正そうとすることにある。そのため神は、今ある人間たちを通して働く決意をなさる。彼らが心に思うことが悪いことばかりであるにもかかわらず、である。そして、イスラエルが、アブラハム以来、従順の行為に劣らぬほど多くの間違いを犯してきたにもかかわらず、イスラエルを通して働く決心をなさるのだ。大きな物語自体においても、その中のより小さな時々の出来事においても、人間たち自身の責任と行為者としての働きを壊すことなく悪を裁き罰し、制限する神の行為のパターンが見られる。神はそれゆえ、自分が創造した世界の内側から行為し、世界を正す時でさえも、この世界をその創造された他者性において肯定なさるであろう。

この第四の点において、私たちは、少なくともパターンとあらすじにおいて、どれほどぼんやりとあいまいにであろうとも、旧約聖書のクライマックスとして現れてくる物語に私たちを導く道標を見出す。人類の罪深さが神を心から悲しませる瞬間、僕が侮辱され拒絶される瞬間、ヨブがどうしてこのようでなければならないのかと神に問う瞬間は、ついに海から上がってきた獣たちの力に向かおうとする人の子が孤独と恐れのうちに跪いた時へと集約する。ゲツセマネの物語とナザレのイエスの十字架刑の物語は、新約聖書では、神が悪についてなさることの物語の奇妙な結末、そして神の正義が人間の肉体をとり、足をゲツセマネの園の泥で汚し、十字架で手を血だらけにした時に起こったことの物語の奇妙な結末に見える。この世界での神の行為の多種多様な両義性が、イエスの物語に集約する。これが次の章の主題となる物語である。

第三章
悪と十字架につけられた神

序

なぜイエスは死んだのか。理由は、多々挙げられよう。例えば、彼が治安を乱すのではないかとローマが恐れた、ユダヤの権威筋が神殿での彼の行為に怒った、彼の弟子たちが彼を裏切った、イエス自身がある意味でこれを神に与えられた自分の使命であると信じていた、などである。私は、このことについて、『イエスと神の勝利』（*Jesus and the Victory of God*）の第一二章で本書よりずっと詳細に論じてある。(5)

しかし、「なぜイエスは死んだのか」という問いを、なぜ神の目的において、イエスは死ななければならなかったのであろうかという、より深い問題に注目して問うならば、私たちは、出来事や動機の歴史的分析から、神が悪について何を決意したかという神学的記述に移る。究極的にそれこそが「贖罪」の諸理論に他ならない。そして、そのような問いに取り組むためには、当然、「悪」自体が何であるかについていくらかの概念を持たなければならない。この問題の性格上、これは双方行となる。つまり、単に悪について一つの見解を立てて、次に神がいかにこの問題に答えているかを示すために贖罪の教義を立案するというだけのことではない。確かにそのようなことをやってきた人たちもいるが、それだけでは足りない。新約聖書以来明らかに、キリスト教の神学者たちはほとんどいつも、畏怖と恐怖と感謝をもってイエスの十字架を見つめ、そこから悪の性質について何か深遠なものを推論してきた。パウロは、「もし、人が律法のお陰で義とされるとすれば、それこそ、キリストの死は無意味になってしまいます」（ガラテヤの信徒への手紙二・二一）と書いている。

冒頭の章で、私は、悪が現実であり強力で、個々の罪の総和以上のものであることを論じ、悪は二元論によっては、この被造世界を悪と見てそこから逃れることを解決と見る存在論的二元論によっても、世界を「私たち」（良い）と「彼ら」（悪い）に分ける社会学的二元論によっても、正しく理解できないということを示した。そして第二章では、旧約聖書の一つの読みを提示し、ヨブ記のような鍵となる重要な文章だけではなく、旧約という正典全体が、悪について神（創造主なる神であることに注意されたい）がなさっていることについて、戸惑うほど多様な視点から語る物語に他ならないと論じた。神は一つの計画に着手している。それは、大胆で危険を伴う計画であり、神を非常な両義性に巻き込み、それはほとんど策略と言えそうなほどなので、神はまるで二重スパイのように見え始め、解決をもたらすために多くの点で妥協的になっている。この計画は、悪をある所〔十字架〕に引き寄せることを含む。そこで悪に対処するために。悪に対処するための神の戦術を語る旧約聖書の象徴の一つは神殿であり、そこではいつもなされる献げ物が、罪と恩寵を常に思い出させる。また、他の象徴として、人間の王や祭司や預言者たちがあり、特に、すでに見たように、僕や人の子といった人物がある。この両者は、イスラエル、つまり、世界の悪に対処するための神の約束を担う民そのものが、悪自体の重さと力に圧倒されてしまっているときに現れる。

これらのことすべては、一つの最初の考察につながっている。十字架の神学、イエスの死を通して神がいかに罪に対処しているかの神学は、通常、私が第一章で述べたような、より大きな悪の問題には取り組んでいない。「罪の問題」と「悪の問題」はかみ合わず、一方では「悪の問題」を、単に「善かつ力強い神がそもそもどうしてこの世に悪が入ることを許せるのか」という観点で考え、もう一方では贖罪を、たとえば「かなたに緑の丘がある」(There is a green hill far away)という賛美歌に究極的には不十分にではあっても感動的に表されているような、さまざまな範疇の個人的赦しの観点で見ている(この賛美歌には、何節も次から次へと、さまざまな言い方で、「彼は、私たちが赦されるために死んでくださった。彼は、私たちをよくするために死んでくださった。私たちが最後に天国に行き、彼の貴重な血によって救われるために」などと、擬人化された「贖罪」が言わんとすることが語られている)。一九世紀と二〇世紀のキリスト教思想は、啓蒙主義が差し出した枠組みを受け入れ、人々を悪しき世界から救い、この世での罪の赦しと後の世の天国を保証した。啓蒙主義に基づいたより広い世界は、キリスト教信仰のそうした評価を受け入れ――そのことは驚くに当たらない、もともとその機動力になったのはこれだったのだから――キリスト教神学を「悪の問題」についての自分たち自身の議論の要素に組み込む必要があるとは思わなかった。結局、「かなたに緑の丘がある」のような賛美歌が、第一次世界大戦やアウシュヴィッツや広島や二〇〇一年九月一一日の恐怖に言葉も失うほど狼狽している世界に、いったい何を言えるだろうか。そして、ユルゲン・モルトマンのような〈神－学者〉(theo-logian)が、分離されるべきではなかったものを一つに戻す試みに着手しているとはしても、私たちは依然として、非常に大きく困難な課題が残されているように思われる。

福音書を読み直す

ここで私たちに必要なことは、福音書をありのままに、実際と異なるようにではなく、読み直すことである。私は支配的なパラダイムがいまだ働いている大学の世界で長年学生たちに教え試験してきた経験から、知りすぎるほど知っているのであるが――福音書には実際はそれほど多くのいわゆる「贖罪神学」はないように見える。マルコの「十字架の神学」はしばしば、イザヤ書五三章を思い出させる一〇章四五節の、人の子は「多くの人の身代金(*lutron anti pollōn*)として自分の命をささげるために来た」という鍵となる一節に還元される。ルカは、この点ではマルコに従うことを意識的に避けたと思われ、それゆえ、しばしば、真の贖罪神学を提示するのを差し控えていると考えられてきた。主の晩餐は、贖罪神学の方向への暗示を与え、十字架刑の物語は、特にそこで用いられている聖書的言及において、いくらかのさらなる要素を与えてくれる。しかし、大部分において、福音書は、学術界でも教会生活でもその主流の伝統の中で読まれるときには——私が教会生活というのは、注意深く贖罪神学を探し、見つかればそれを有効に用いるようにしなければならないと考えられている教会の生活のことだ——パウロやヘブライ人への手紙やペトロの手紙一に基づく贖罪の神学の背景となる大枠の物語として以外、ほとんど貢献するものを持たない。

しかし、福音書自体はほぼ間違いなく全体論的に読まれることを求めており、そのように読んでみれば、福音書は二重の物語を語っており、そこでは本書の最初の二章のテーマが一つの点に集約されている。福音書は、この世界の悪が——政治的、社会的、個人的、道徳的、感情的悪が——最高点に達した様を語り、イスラエルのための（そして神ご自身のための！）神の長期計画がついにクライマックスに達する様を語る。そして、その物語をどちらも、ナザレのイエスがいかに神の王国を宣べ伝え、激しい悲惨な死を遂げたかの物語として、また、その物語の内に、語るのである。この章では、私は、この濃密な物語を解読し、そう読めば福音書は、私たちが慣れているよりも豊かな贖罪神学と、悪の問題の本質とそれについて私たち自身の時代に何がなされるべきかについてのより深い理解の両方を与えてくれるということを示そう。

(1)福音書はこの世の政治的な諸力がその横柄な高みに上り詰めた物語を語る。福音書の初期の読者たちは皆、「神の王国」についての教えはもちろん、「福音」という言葉自体が、皇帝の政体に真っ向から対立するものであることを完全によく分かっていた。皇帝の支配は、彼の帝国内では「良き知らせ」、「福音」と言われていたからだ。ローマは、影のように福音書の物語すべての背景にあり、ついにイエスがローマ総督ピラトと対面するとき、鋭い読者は、大詰めが来た、ずっと起こっていた真の対決がついに明るみに出る、と感じる。同様に、（特にマタイによる福音書では）ピラトの一族の存在や洗礼者ヨハネの物語は、地元のユダヤ人（あるいは自称ユダヤ人）偽貴族が、もう一人の「ユダヤの王」の存在や布告をよく思わなかったことを常に思い出させる。そして最後に、やはり物語のクライマックスになってやっと登場するカイアファと彼の大祭司の一族による腐敗したエルサレム政体は、人間の体制があらゆる角度から自分の分を超え、結局イエスを十字架につけるに至る問題の深い構造の一部である。

(2)こうして、福音書はまたイスラエル自身の内の腐敗の物語を語る。パウロがこのことを思うたびに涙するほどひどく、皮肉なことに、問題の解決を担う民が、自分たち自身が問題の中心部分になってしまっているからだ。ファリサイ派の人々は聖性を求めた律法解釈を差し出すが、事態を悪くするだけである。神殿祭司たちは、神の恵みを語るべき犠牲を捧げるが、その犠牲は、むしろ、祭司たち自身の排他的で腐敗した体制を語っている。革命家たちは神の王国が突入してくる御業に参加しようとするが（マタイによる福音書一一・一二）、暴力をもって暴力と戦おうとする彼らの試みは、結果として、暴力に対する勝利ではなく、暴力のための勝利しかもたらさない。つまり、イエスの死は、それが訪れたとき、異教の国々だけの仕業ではなく、（さらにまた皮肉なことに）イスラエルの、つまり、そもそも最初に王を選んだ時、「すべての国民と同じように」（サムエル記上八・五、二〇）なりたいと望み、今では皇帝しか王はいないと言うまで（ヨハネによる福音書一九・一五）堕ちたイスラエルの仕業でもあると見られざるを得ないのだ。

(3)そして福音書は、超人格的なレベルで働く、より深く、より暗い諸力、悪魔的と言い表すことにも問題があるとしても不適切ではない諸力の物語を語っている。これらの悪の力は、今述べたばかりの人間的な要素のすべての内に働いているが、単にそれらの観点に還元できるものではない。福音書は、「サタン」を登場させる。サタンは、イスラエルが世界の他のすべての人々と同じようにすでに落ち込んでいる罠にイエスを引きずり落とそうと全力を尽くす擬似人格的「告発者」である。イエスが癒しをするときに彼に向かって甲高い声で叫ぶ悪霊、墓場を出て彼に向かって走ってくる悪霊は、戦いが単なる個人的なレベル以上のところで始まっていることを示すしるしである。暗い嵐の海は、現在の悪事や悲しみの総計より以上の悪を表す古代イスラエルのイメージを喚起する。イエスが裏切られ引き渡される直前に口にした「闇が力を振るっている」（ルカによる福音書二二・五三）との言葉は、特にその晩、悪は、兵士たちや裏切り者たちや、混乱した弟子たちや腐敗した宮廷が、単なる長期的な計画遂行の結果であるようなやり方で、最悪のことを行う好機と無制限の自由を与えられているとの認識を示している。イエスが十字架にかけられた時の見物人のあざけり（「もしお前が神の子なら……」）には、荒野でささやいたあざけりと誘惑の声の響きがある。死の力そのものが、創造の善の究極的否定であり、破壊の力、世界と神に敵対する力が最悪のことをすることを許されていることを語っている。福音書がこれらすべての物語を語るのは、十字架にかけられて極度の苦痛を味わっている若いユダヤ人の預言者において、悪が真にまた完全にその本性を現しているのを示すためなのだ。

(4)福音書が語るイエスの物語では、善と悪の間の境界線はイエスとその友人たちがその片側に、もう一方の側にその他の者たちすべてがいるようには描かれてはいない。まして、境界線は、ユダヤ人と異邦人の間にあるとは語られておらず、イエスに従う者たち自身のただ中にある。ペトロは、岩になるように言われるが、たちまち、「サタン」として弾劾される。トマスは不平を言い、疑う。ヤコブとヨハネは御国での最高の地位を願う。彼らはすべて誰が最高の職を得るかを論じる。ユダはどこまで行ってもユダであり、あらゆる謎の中でも最大の謎である。いずれにしろ、ゲツセマネの園の松明の火に剣がひらめくやいなや、忠誠と勇気は彼らから去り、彼らはイエスを捨て去る。私たちは、おそらく福音書の何人かの女性たちは男たちが離散してしまったあとも忠実で献身的だったと申し立てをすることができるだろうが、それは、大方、沈黙からの議論にすぎない。福音書が書き上げられた状況を鑑みれば、教会の最初の指導者たちの挫折がこれほどに率直に記述されていることは注目に値する。

(5)福音書が語る物語は、悪の度合いが増していくらせん構造である。一つのことがもう一つのことにつながり、悪に対して差し出された改善策がそれ自体の内に悪の芽を宿し、それでものごとを正そうとする試みは、ただ、二次的な悪を生じさせるにすぎない、というようなことが続いていくのである。ユダによる引渡しとペトロの否認は、単にこの物語の最後のより糸の一つにすぎず、大祭司カイアファや総督ピラトの気まぐれな不正や十字架での群集のあざけりとともに、すべての糸の終点を一つにまとめる。

これらの五つの点から、福音書が語ろうとしているのは、イエスの死が、いかに、悪がそのあらゆる形において激しく一つに集約した点であるかを示す物語であると言える。イエスの死は、この世の主たる政治的悪である権力ゲームという、この世界でいまだに行われている悪の結果でもあり、同時に、これらの人間的、社会的構造の背後にある暗い非難の力、被造世界そのものを悪であると非難し、創造主が贖おうと望んでいるその被造世界を破壊しようとする力の結果でもある。福音書はイエスの死の物語を、悪がその度合いを増すらせん構造的連鎖によって、この人の、つまり神の王国を宣べ伝えたこの預言者の、壮絶な血なまぐさい死において最悪の地点にまで達した次第を語る物語として、語っている。そして、もしこれがイエスの物語を語る福音書のやり方だとすれば、その著者たちは、私たちにどのような結論を出してほしいのだろうか。

悪に対するイエスの態度

私たちは、この点で立ち止まり、「いいだろう。福音書は、悪が、つまり私たちがすでに分析したような悪が、実際、イエスの死の原因だと語っている。しかし、これ自体は、悪の問題の解決にはなっていない。単に問題を言い直しているだけである」と言えるかもしれない。私たちは単に、「そうだ、悪はイエスを十字架につけたが、復活がそれをすべて逆転させた」とだけ言うことはできない。福音書は、それよりもはるかに深く複雑な物語を語っている。第二の要素が入ってくるのはここにおいてである。福音書は、アブラハムからずっとイエスの時代にまで至る神の長期計画が、つまり私たちが第二章で考察してきた一見あいまいで危ない計画が、ついに実を結ぶ次第を語る物語でもある。

私たちはこれを、福音書がイエスの公生涯の間の彼の物語を語る語り方において、近距離から見ることができる。このことについては、私はすでにさまざまなところで詳細に書いている（特に『イエスと神の勝利』の第五―一〇章(6)と『イエスの挑戦(7)』（*The Challenge of Jesus*））。そこで、ここでは短く要約して述べるだけにする。

イエスの癒し

イエスは手を伸ばし、重い皮膚病の人に触れる。どういうわけか、彼は病気に感染せず、むしろその代わり、彼の健全さ、彼の「清さ」が皮膚病の人の方に伝わる。彼は、長血の女性に触れられることを許す。彼女が触れる者はすべて穢れるはずであった。しかし、むしろ、力は彼から彼女に流れ、彼女は癒される。彼はナインのやもめの息子の死体に触れる。すると、イエスが死体の穢れに感染するのではなく、死体が生き返る。福音書記者たちは、きっと十字架に至るまでずっと同じ現象が続いていることを私たちに見せようとしているのだ。そこで、イエスはついに、挫折したユダヤ人革命家たちと自らを重ね合わせる。彼らもまた、イエスのように御国の実現を望んだ。しかし、イエスのやり方は彼らが拒否したやり方だった。

イエスが罪人と食事をともにしたこと

イエスは、あらゆる不適切な人々とともに神の王国を祝う。彼は、神の王国とは聖性を保ち悪から離れているということだと骨の髄から知っている人々や、悪人が贖われ救われることがありうるし、実際に贖われ救われているのだなどとは、思っても見なかった人々の、怒りと憎しみを招く。彼の母と弟たちは彼が正気を失っていると考えて彼を連れ戻しに来るが、彼は、彼の言葉の一言一言に聴き入っている彼の周りの群衆こそ彼の母であり兄弟であると宣言することで答える。彼は、聞く耳を持っている人々のために物語を語り（失われた羊、失われた硬貨、二人の失われた息子たち)、この方針は、偶発的なものではなく天に与えられた優先順位に基づいていると示している。彼は、自ら進んでエリコの徴税人ザアカイの昼食に加わる。一方、群衆は外で待たされ、「彼は罪人と中に入って行った!」と心底ショックを受けていた。ついに、彼は出て行って、ルカが特に明らかにしているように、謀反人たちとともに死に、彼自身は無実だったにもかかわらず彼らの恥をともにした。罪の汚点は、最初から最後まで彼に重くのしかかっている。そして、どのようにしてか彼はそれを負い、それを担っていき、その力を消耗させた。

イエスは、イスラエルがイスラエルになるようにと受けた召命を明確に述べ、模範となる

イエスは新しいやり方で弟子たちを呼び集めることで神の召命を表現する。イスラエルはとうとう、丘の上の都市として、世界の光になるのだ。イスラエルは、神の民であるとはどのようなことなのか、世界のための神の僕の民族であるということはどのようなことなのか、を世界に示さなければならない――たとえば、一方の頬を撃たれたらもう一方も相手に向けてやる、一マイル行けと言われたら二マイル行く、自分の全財産を奪いに近づいてくる異邦人を拒まない、などのことを実現して見せねばならない。そして、マタイによる福音書の山上の説教のそのような深く挑戦的な言葉がまだ耳に残っている状態で、私たちはこの福音書を読み進み、人の子がこの世界に神の裁きをもたらすのを見る。彼は世界を正し、悪に対する勝利を勝ち取り、彼自身の権威で罪の赦しを宣言し、自分には安息日の規定を保留する権利があると告げている。そして、私た

ちは、メシアが彼の王国に入ってきて、真の戦いに勝ち、神殿を清め、詩編が預言していたように、ただし前もって思い描かれていたのとは異なるやり方で、この世に神の支配をもたらすのを見る。そして、最終的に、私たちは、メシアなる人の子が、究極的にイスラエルを代表する僕の役割を自らに負い、イスラエルと、そしてそれゆえ世界の罪と恥辱を担うのを見る。そして、物語がその激烈な結末に向かうと、私たちは、驚きとともに、彼が、彼自身があの山上の説教で告げた、身の引き締まるような、あまりにもしばしば誤解されるイスラエルの召命に従順であったことを知るのである。彼はもう一方の頬を向けた。彼はローマの十字架を取り上げて、二マイル目を行った。彼は丘の上に挙げられ、隠れることができなかった。彼は世界の光なるイスラエルとして、異教の暗闇を受け入れたイスラエルのための役を果たしていた。マルコによる福音書一〇章四五節（マタイによる福音書二〇・二八の並行箇所と同様）は、決して、その他の箇所では神学的に中立な物語に別個に押しつけられた神学的解釈の言葉ではない。これは、氷山の一角で、表面下深いところにあることを私たちに語っている。

私たちは、福音書の物語に深く組み込まれたテーマを以下のように要約することができよう。

(1)イエスは、彼の民に、彼らが世界の光になるようにとの神の召命に従うことができなかったことに対して神の裁きが差し迫っていると警告した。

(2)イエスは、イスラエルと完全に一身一体となった（僕なるメシアの必然として）。そして、痛みと、穢れと、病と、愚かさと、反抗と罪に至るまで、彼らの召命を自分自身に負った。

(3)イエスはこのようにして、政治的領域でも神学的領域でも同じように、イスラエルの落ち度と罪の直接の結果を負っていた。彼は、実に文字通り、彼らの罪のために死にゆくのである(私はかつて、モントリオールの西、オタワ川の沿岸にあるインディアン居住地で、バンパーのステッカーに、「カスターはあなたの罪のために死んだ」とあるのを見た。これは実に、同様のことを言っている)。これは決して、後の時代に物語に読み込まれた一片の奇妙な、あるいは恣意的な神学ではない。福音書は、これが、これこそがずっと要点だったことを私たちに語っている。イエスは、神の民が自分たちの召命を果たせなかったそのあり方の直接の結果を自らの身に引き受けているのである。

マタイとマルコとルカとヨハネは特に、それぞれ非常に異なるやり方で、これはすべて神の意図であると同時に、イエス自身の(旧約聖書に深く根差す召命感において、また、少年時代からの祈りと学びに形成され洗礼において劇的に確証された彼の人格において)意図でもあることを宣言している。イスラエルの神は、すでに長らく、自分が支配し、裁き、癒し、救うためにエルサレムに戻って来ることを約束していた。今や彼は、すべてこれらのことを念頭に、戻ってくると約束した王のことについての物語を語り、用意ができていないことの結果について警告しながら、都に戻ってくるのである。彼は、自分のひなを集め自分の羽の下に入れて守りたいと望む母鳥だった。

彼は、周りの木々がすべて乾き、燃やされるばかりになっているときに唯一緑の木だった。

特に、イエスは、聖書に深く根差す一つの暗いテーマを自分のものにしていた。大きな苦しみの時、大きな試練の時が来るだろう。そしてその時を通り抜けることによってのみ、神の約束した救いはやってくるだろう。イエスは、人を驚きと恐れで立ち止まらせるそのような種類の召命感において、〈ペイラスモス〉(*peirasmos*)、つまり預言者や託宣が語った「試みの時」が大津波のように世界に押し寄せようとしており、他のすべての人が救われるために、彼がその力をすべて自分自身に引き受けなければならないのだと信じるようになっていた。「誘惑(*peirasumos*)に陥らぬよう、目を覚まして祈っていなさい」(マルコによる福音書一四・三八)とイエスはゲツセマネの園で弟子たちに言われた。もし彼が言う意味がただ、濃いワインを飲みながらたっぷり食事をしたあとは、何か日常的な罪を犯す誘惑に陥らないように祈りを唱えなければならない、というだけのことならば、この場面は場違いのアンチクライマックスか、ほとんど笑劇になってしまうだろう。しかし、そうではない。悪の大きな暗い、恐ろしい力が彼に迫ってきていた。そして、聖書によれば、まさにイエスだけができることとしてイスラエルの神に言われていることがあり、それを行うことは、イスラエルの代表者としての他ならぬ彼の務めであると、イエスは長いこと気づいていたのである。この神学的、個人的、宇宙的テーマの非凡な、息を呑むような結合を避けて通ることはできない。福音書が私たちに語ろうとしていることを正しく評価する唯一の道は、描かれていることを丸ごと受け取り、丸のまま飲み込むことである。

悪の敗北についての最初期のキリスト教徒の見方

このことから、最初期のキリスト教の贖罪神学と悪の問題に対する新約聖書の答えの始まりとなる二つの考察が同時に出てくる。

(1)パウロは、彼がローマの信徒への手紙七章一節―八章一一節で述べた劇的な言葉で、イエスの死において神は罪を弾劾し、有罪判決を下し、処罰した(八・三)ことを見て取った。悪に対する神の偉大な「否」は、イエスという人物において実行された。イエスこそ、イスラエルのメシアとして、イスラエルを代表し、それゆえ、全世界を代表することができ、実際にそうした方なのである。

(2)新約聖書の著者たちは、さまざまなやり方で、悪がその最悪の業をなし、それによって力を消耗し尽くしつつある顕著なしるしを報告している。イエスは受難の際にも呪わず、ののしられてもののしり返さなかった(ペトロの手紙一、二・二三)。そして、「父よ、彼らをお赦しください」(ルカによる福音書二三・三四)と神に祈った。これは、ユダヤの殉教者物語の長く高貴な伝統における抜本的な革新となる。この伝統では(たとえばマカバイ記二、七章にあるように)、英雄たちは拷問を受けて殺されるとき、神が迫害者たちに復讐してくれるように祈り求め、彼らに来るべき裁きを警告していたからである。

その直接の結果は、もちろん、イエスの復活である。イエスが復活したということを、完全に平凡で表面的な意味でとり、極めて困難な務めをついにやり遂げた褒美とか、あるいはおそらく、イエスが神的存在であるので、すべてのことが練り上げられた芝居にすぎなかったというしるしと理解することは可能であろう。あいにく、おそらくキリスト教徒の中にもこのような考え方をしている人たちがいる。しかし、復活は、はるかにそれ以上のことなのだ。悪とは、創造と生命に反した力であり、その力は時間、空間、物質から成る神の良き世界、特に神の似姿である人間という被造物に敵対しており、それらを汚《けが》し破壊しようとしている。だからこそ、パウロがコリントの信徒への手紙一、一五章二六節であれほど鮮明に見たように、死が最後の巨大な敵なのだ。しかし、もし何らかの意味でこの悪が打ち負かされているのなら――もし、福音書の記者たちが私たちに語ろうとしてきたように、あらゆるレベルの、あらゆる種類の悪がその最悪のことをすでにしてしまっていて、イエスが彼の公生涯を通じての全活動で、そして特に十字架上で悪に対処し、そのすべての力を身に受け、使い果たさせてしまったというのが本当だとしたら――それなら、死そのものはもちろん、もう力を失ってしまったはずだ。「束の間の眠りが去れば、私たちは永遠に目覚める。そして死はもはやない。死よ、お前が死ぬのだ」。ジョン・ダンは、福音書の現代の読者が完全に見逃してきたことを明確に見ていた。実際、私たちは、福音書の記者たちが彼らの物語すべてを語っていたのは、なぜ復活が起こったかを説明し、これは決して単に奇妙な、孤立した異様な奇跡などではなく、むしろイエスの悪との全面対決の成功のしかるべき妥当な結果なのだということを明らかにするためであるとさえ言えるであろう。これは、バベルでの裁きの後にアブラハムの召命があったようなものである。四〇日間の雨の後の鳩とオリーブの葉のようなものである。これは、古い創造の悪に裁きが下された後での神の新しい創造の御業なのだ。

しかし、私たちが「復活」と言うなら、同時に、そして、同じ理由から（またもやパウロがコリントの信徒への手紙一、一五章で見たように）私たちは「罪の赦し」と言わねばならない。これら二つは、実際、同じことなのだ。罪から解放されることは、死から解放されることである。そして、イエスはイスラエルを代表し、そしてそれゆえ全人類を代表し、そしてそれゆえ宇宙を代表する能力において（代表の鎖はそのように機能する）死んだので、罪の重さの下での彼の死は即座に、罪悪感と罪の力にとらわれている人々の解放をもたらす。ここで、すべての古い十字架が、今や新たにされた力とより深い意味を持って本領を発揮する。そして今度は罪の赦しが（イザヤ書五四章と五五章でのように）新しい創造を意味する。罪の反創造の力が処理されてしまったからである。そして、新しい創造は、ヨハネによる福音書二一章一五—一九節の、湖岸でのイエスとペトロの比類ない場面にあるように、個々の罪人が聞いた赦しの言葉とともに始まる。

福音書が語ろうとしている物語は、悪やその致命的な力が真剣に受け止められている物語であり、今日の多くの地域で見られるような、世界や人間には本当にはそれほど悪いところはないと考えがちな幾分古いタイプの自由主義的な傾向とは正反対である。福音書記者たちが差し出すような成熟した十字架の神学の前では、徹底的な診断結果を恐れひるむ必要はない。なぜなら、癒しが手の届くところにあるからだ。確かに、診断結果と治療の両方を受け入れるのは、屈辱的なことだ。しかし、私たちの世界がますます明らかに実証しているように、もし悪など存在しないというようなふりをすれば、悪にますます広く働ける範囲を与えてやるだけのことになる。だから今は、福音書記者が差し出す診断結果と治療法の両方を見るべき時だろう。

福音書記者たちは、実際、これらのことをみな、起こっている出来事の舞台ともなり最も深遠な説明を与える三つの連続した出来事において一つに結びつけている。その一つ目は、神殿での行為だった。イエスは、イスラエルの神が民全体の生活の中心である神殿に対して下す裁きを具体的な行動で表した。この民は、預言者を通して与えられた神の招きを拒否し、今は、御子を通しての招きを拒否している。イエスの行為は、(エレミヤの行為のように)来るべき裁きの明らかな象徴として、イスラエルの神が今いかなる意味で知られようとしているかを指し示した。神は、犠牲の制度を通してではなく、神の民が心と精神と思いと力を尽くして神を愛することを学ぶ新しい契約を始めることによって知られるようになるだろうと、示したのである。

第二に、最後の晩餐である。これは、彼の死の意義を弟子たちに、その時にも、そして、それ以降もずっと、表し説明するためにイエス自身が選んだ方法である。私たちは、それが理論ではなく行為であることに気づく（これは、これ以降のあらゆる贖罪理論に対する警告であり、おそらく教会が、自分たちの偉大な信条の数々に一度も、贖罪について特定の定義の条項を組み込まなかった理由はこのためではないかと思わせる）。おそらく、贖罪とは結局、その最も深いレベルで、何かが起こることであり、それを知的合意を下せるような一つの命題に還元してしまうことは、一つの深いレベルでの誤りなのかもしれない（そのような命題は、真実を示す正しい指標ではあるかもしれないが）。それはちょうど、悪の問題を解くことができると考える時に起こるのと同じ種類の誤りだろう。実際おそらく、これは異なる装いをまとった同じ間違いなのだ……。いずれにしろ、この王は晩餐の席で、自分の命を友人と分かち、特に彼らを神の王国をもたらす自分の死の恩恵に与る者とした。羊飼いは羊のために自分だけができることをするために旅立つ前に、最後にもう一度羊たちを集める。

第三に、十字架そのものである。福音書記者たちは、この話を非常に豊かに濃密にする小さな物語や脇役たちのそれぞれを通して、十字架の出来事の意味を語っている。それは、たとえばシェイクスピアの劇でいくつかの小さな場面が聴衆に、中心的なプロットの完全な意味を悟らせるのに、非常に似ている。ベタニアのマリアは、イエスに埋葬のための油を注ぐ。キレネ人のシモンが十字架を担ぐ。バラバは釈放される。一人の強盗はイエスをののしり、もう一人は悔い改める。見物人はあざけり、兵士たちは賭け事をし、一人の百人隊長が一瞬その場に立ち止まる。十字架上のイエスが、これらの光景のすべてからひときわ高く、イスラエルなるお方として、ヤハウェご自身として、この世の悪がなせる限りのことをし尽くし、この世の創造主ができる限りのことをし尽くす場として存在する。政治的、社会的、文化的、個人的、道徳的、宗教的、霊的局面の悪がすべて一つになって、破壊と絶望の穴に向かって悪のらせん構造を急降下して来る。そして、イエスは、その悪の結果をすべて彼の身に受けるのである。そして、彼はそれを、まさに贖いの行為として行う。その下落を受け止め尽くして、新しい創造、新しい契約、赦し、自由と希望を可能にしたのである。

福音書はこのようにイエスの物語を語っている。特に彼がいかに自分の死におもむいたかを、宇宙的、地球的規模の悪に対して、悪の超人間的な形に対しても人間的な形に対しても、世界の創造主なるイスラエルの神ヤハウェの至高の救済的愛がいかに戦ったかの物語として語っている。福音書記者たちはこれこそが「神の王国」の意味だと私たちに言っているのだ。神の王国は「私たちが死んだとき天国に行くこと」でも、「この世の政治的現実に新しい秩序をもたらすこと」でもなく、その両方を含むが、何かこれらをはるかに越えたものなのである。福音書が差し出しているのは、悪が何であるかとか、なぜ悪が存在するのかなどの、悪の哲学的説明ではなく、私たちが自分の生活様式を幾分変えることによって不思議にも悪がこの世から消え去る方法を示す一連の提案でもない。それは生きている神が悪に対処している一つの出来事の物語である。ここには、出エジプトの古い物語や、バビロン捕囚からの帰還の物語すべてが響き渡っている。それゆえ、初期のキリスト教徒たちが、新約聖書の著者たちも、二世紀、三世紀、四世紀の典礼式文の伝統にいたる他のキリスト教徒も、十字架で起こったことを説明するためにこれらの出来事のイメージを用いようとしたのは驚くにあたらない。彼らは言う。神はまさにこのようにして、ご自分の民を罠のように捕らえている悪から彼らを救出してくださるのだ、そして、それを、イスラエルの代表者を通してなさるのだ、ちょうど殉教者を通してなさったのと同じように、それも、はるかに強く。ヤハウェが出エジプト記三章七―八節でのように「わたしは、わたしの民の叫び声を聞き、彼らを救い出すために降って来た」と言うときには、それはこのようなことなのである。ヤハウェが「見よ、わたしの僕を」と言うときには、それはこのようなことなのである。イザヤが後に言うように（イザヤ書五九章）、彼らを救うのは、いかなる使者でも天使でもなく、神ご自身の臨在である。彼らの苦しみのすべてにおいて、神は苦しまれた。そして、そのすべての結果として、契約は更新され、罪は赦され、悲しみと捕囚と死の長い夜は終わり、新しい日の夜明けが来たのである。

福音書は、このように、中心的にまた決定的に、世界の偉大な文学や世界の宗教的理論やビジョンの中でも比類のない物語を語る――それは、創造主なる神が、被造世界に起こったことの責任を取り、その問題の重荷を自分の双肩に担う物語である。シドニー・カーターが、彼の傑作の歌の一つで言ったように、「彼らが十字架につけるべきは神なのだ、あなたや私ではなく」。または、ある昔の宣教用の冊子にあったように、世界の国々は寄り集まってこの世の悪のすべてに対して神に有罪を宣告するが、結局ただ、神がすでに自分の刑に服していたことに気づき驚くのである。

結果――贖罪と悪の問題

それでは、贖罪と悪の問題はどのように一つにまとめられるのだろうか。

第一に言うべきことは、すべての贖罪の理論は本来真の出来事からの抽象にすぎず、その出来事、その血肉の、時間と空間の世界で起こった出来事こそが、真実なのだということだ。理論は、この真実を理解するための試みであり、理論がこれに取って代わることはできない。実際、物語は、理論よりも出来事に近い。真実である出来事、問題となる出来事に私たちが接するのは物語を通してだからだ。そして、私たちは、今日の他の出来事を通して、さらにそれに近づく。聖餐は、イエスが自分の死の彼自身の解釈として与えた食事を繰り返すものとして、また、癒しや赦しの行為は、イエスの死をいまだに壊れている世界のうちで新たなリアリティにするものとして、私たちをさらに福音書の出来事に近づけるのである。

しかしそうは言っても、私は、イエスの死を通して神がいかに悪に対処してくださったかについて、よく知られた贖罪理論の一つに向かわざるを得ないように感じる。それは、出来事や物語に取って代わるものとしてではなく、他の理論すべてに勝る理論としてでもなく、すべての核心に他よりもさらに私を近づけてくれる一つのテーマとしての理論である。それは、勝利者キリストのテーマのことだ。イエスは十字架上で悪の力に対する勝利を勝ち取った、という信仰のテーマである。この理論を中心に落ち着けると、他の理論が、それぞれの役割を果たすようになる。たとえば、パウロにとっては（ローマの信徒への手紙八・三などで）、イエスの死は、明らかに神の裁きや罰の要素を含み、メシアとしての、また、イスラエルやそれゆえ世界の代表者としてのイエスの上に表明された、罪に対するしかるべき〈否〉であった。この点において、善と悪との境界線は私の、そして私たち一人一人の中にあるという認識は、福音書の答えを与えられており、イエスは、「私のために」、つまり、私の代わりに、私の益になるように、死んだのだとの宣言がなされている。なぜなら、メシアとして、彼はイスラエルの、そして世界の代表であり、すべての人の代わりを務めることができるからだ。私たちのために、神は何の罪もない彼を罪人とし、私たちの代わりに罪を贖う献げ物とした、とパウロは書いている（コリントの信徒への手紙二、五・二一）。新約聖書を通してこの死はそれゆえ、愛の行為として見られている。その愛は、イエス自身の愛でもあり（ガラテヤの信徒への手紙二・二〇）、イエスを遣わし、イエスが体現している神の愛でもある（ヨハネによる福音書三・一六、一三・一、ローマの信徒への手紙五・六―一一、八・三一―三九、ヨハネの手紙一、四・九―一〇）。これらのうちに、これらの根拠としてではなく、これらの結果として私たちは、イエスの受難と死は、今度は私たちがどのように互いに愛し合うように招かれているのかを示す手本なのだと分かるのである。

これらすべてにおいて、私たちは、自分たちが終末論の領域で、つまり、歴史を通してクライマックスの瞬間へと働いていく神の目的の領域で語り考えていることを思い出さねばならない。つまり、十字架の上で成し遂げられたことは、けっして、どこかと言えばプラトンのイデアの世界にあるというような、時間と空間の世界の歴史の現実を遠く離れた無時間の抽象的な偉業などではなかった。神がいつかは、もはや痛みも泣き叫びもない新しい世界を造ってくださるだろう、と言うだけでは、ほとんど、今までの悪を正しく評価していない。私たちは、単なる進歩によっては悪の問題の完全な解決に行き着くことはできない。あたかも、もし最終的な世代が幸せならば、それまでのすべての世代の惨めさは、多めに見られるか正当化さえされうるかのように見ることはできないのだ（たとえば、ある賛美歌の魅力的な一節に「そのとき、彼らは知るでしょう、彼ら神を愛する人は、何と自分たちの痛みがすべて良いものか」とあるような、肩をすくめてあきらめたように悪に従う態度は、決して、新約聖書が認可するものではない）。確かに、十分に役割を果たす贖罪理論はすべて、後ろ向きの視線（すべての先行する世代の罪責感と罪と恥辱が十字架上に積み上がっているのを見る）と前向きの、神がゴルゴタの丘でなしたことは完全かつ決定的に実行されるだろうとの面を両方とも含まなければならない。そうでなければ、十字架は単なる空虚な見かけだけの芝居になってしまい、誰かがたまたまそれに気づきある特定の仕方でふるまうようにそれに影響を受けない限り効果がない。

十字架の個人的な意味が明らかになるのはここにおいてである。私でさえも――この罪人の私でさえも！――完全に罪のない者になる時が来るだろう。神が私のうちに恵みの業を完成させた時に。しかし、私はすでに、その未来の出来事を先取りして、現在すでに、赦しと、イエスが十字架に「挙げられた」ことによって「栄光を」受けたまさにその時に私たちが受けられるようになった聖霊の命を享受している（ヨハネによる福音書七・三九、二〇・二二）。そして、聖餐と十字架の間に密接なサクラメンタルなつながりがあるとすれば当然予期できるように、聖餐はこれらの第一（赦し）を具現化して表現し、第二のもの（聖霊の命）を強め、可能にする。聖金曜日の個人的なメッセージは、苦難の僕の伝承（イザヤ書五三章）やその新約聖書での理解に基づく非常に多くの賛美歌や祈りに表されており、このように伝えられている。「見よ、あなたの罪はすべてイエスの上に」。「神の御子は私を愛し、私のためにご自分を与えてくださった」。あるいは、イエスが最後の晩餐に語られた、いや、まさに神が聖金曜日に語られた、「これは、あなたがたのために与えられるわたしの体である」に表されている。私たちがこれを、個人として、今日の、そして明日の罪に当てはめれば、その結果は、私たちの罪はいずれにしろ対処されるので、私たちは罪を犯しても構わないのだ、ということではなく、むしろ、私たちは日々のキリスト教徒としての暮らしの中で、最終的な勝利への固い希望をもって、死と復活、悔い改めと赦しのパターンによって生きるようにとこの世界で最も力強い愛によって招かれているということである。「悪の問題」は単に、あるいは純粋に、「宇宙的」な問題ではない。これは、私に関しての問題でもあるのだ。そして、神はその問題に、メシアであるご自分の御子の十字架上で対処してくださったのだ。キリスト教徒の中に、十字架そのものを崇拝する人たちがいるのは、それだからである。これは、私たちが、自分の愛する人の歩いた地面を崇めるというような言い方をするのと似ている。十字架は神が私たちを極限まで愛した場所であり、その手段なのだ。

本書では、赦しの深い意味を最後の二章でより詳細に掘り下げて考える。しかし、今は悪のより大きな側面に戻り、十字架が私たちに、それらの問題への新たな取り組み方を可能にしてくれることを見ていきたい。

私は、悪の浅薄な分析やそれがもたらす未熟な反応があることを述べた。福音書で「贖罪」について述べた最もよく知られた箇所が、実際、政治権力の性質と、福音書の出来事そのものによってその権力が覆されることに関してのイエスの辛辣な言葉の文脈で起こっていることはおもしろい。彼の弟子のヤコブとヨハネは、イエスが王的な権力を持つとき、その左右に座らせてくれと願うが（マルコによる福音書一〇・三五―四五）、これは、政治的な問題であり、政治的な答えを与えられる。地上の王たちは臣下を支配するが、あなた方の間ではそうであってはならない。むしろ、偉くなりたい者は仕える者にならねばならず、一番上になりたい者は、すべての人に仕える者にならねばならない。なぜなら、人の子は仕えられるためではなく仕えるために、そして、多くの人の身代金として自分の命をささげるために来たからである。イザヤ書五三章を喚起するこの言葉は――実際、まさに、イザヤ書四〇―五五章の全体にわたる！――帝国の政治的分析の真ん中に置かれ、世界の悪の問題に神が取り組み解決する道として選んだ民であるイスラエルのすべての伝統がいかにバビロンとそのやり方を転覆させる点に至るかを示すことによって、帝国の政治のあり方を覆す。ルカによる福音書九章五四節にも同じ要点が示されている。ここでは、ヤコブとヨハネが敵の上に天から火が降るように呼び求めることを提案し、またもや、この世のやり方でことを運ぼうとする。彼らに対するイエスの叱責は、ルカによる福音書二三章三四節のイエスの言葉、「父よ、彼らをお赦しください。〔自分が何をしているのか、知らないのです〕」と、まさに同じ要点から来ている。

それでは、結果は何であろうか？　福音書が教会に求めていることは、苦難を受け入れる愛を通して、この世に神の勝利を実行していくことである。十字架は、単に従うべき手本であるだけではなく、努力して成し遂げ、実行されるべき成果なのである。しかし、それでもやはり、これが手本であることには変わりない。なぜなら、十字架は、神が世界で神の民を通して今ご自分の聖霊によってなしたいと望むことの手本であり、雛形であり、モデルだからである。十字架は、贖いの過程の出発点であり、その過程では、苦難と殉教は、勝利を勝ち取るための逆説的な手段なのだ。この点については、本書の最後の二章でまた戻って考えよう。

しかしもし、と誰かが問うかもしれない、以前起こったように、今解決を担っている人々が自分たち自身問題の一部になってしまったらどうするのか、と。確かに、それは問題であり、取り組むべきことだ。教会が、自分たちをただ解決の担い手とだけ見て、自分たちもまた、たとえこの世やこの世の異常な帝国の前に果敢に立っている時も、やはり毎日、「主よ、罪人の私を憐れんでください」と祈らねばならず、またその告白が真の謙虚さにつながるようにしなければならないということを忘れてしまうなら、それほど教会が危険な状態にあることはない。特に、ある「キリスト教」の帝国が二元論的に、世界の他の地域に「悪」のレッテルを貼り、自分自身を神の復讐の手となる軍隊と見なし、自分たちの意思を世界に押しつけようとするときには、問題である。これは、多かれ少なかれ、まさにイエスが彼の時代のイスラエルに見たことだった。十字架は、当時も今も、異なる使命へと、また悪に対する新しい対処の仕方へと、そして究極的には新しく神を見ることへと招く呼び声なのである。

結局、真の神が悪に対処するために降りてきたらどのように見えるのだろうか。神は、栄光の炎のうちに、雲と火の柱の中に、天使の軍勢に囲まれてやってくるのだろうか。ナザレのイエスは、完全な危険を冒して、その問題への答えはあたかも次のようなものであるかのように語り行動した。すなわち、真の神が悪に対処するために戻ってくるときには、神は、過越の祭りの期節にエルサレムに旅をする若いユダヤ人の預言者の姿をとり、神の王国をたたえ、腐敗した権威当局に立ち向かい、友人と祭りを祝い、祈りと苦しみのうちに残酷で不正な運命に屈して、自分自身の上にイスラエルの罪、世界の罪、悪そのものの重荷を負ってくださるだろう。イエスをこのように見るとき、私たちは、十字架が、私たちが真の神に会い、神を救い主であり贖い主である方として知るために行く場所として、私たちにとって新しい神殿になっていることに気がつく。十字架は、私たちがその前に立って、私たち一人一人のためになされたことを見つめるための、巡礼の場所となる。十字架は、権力と極めて残忍な力に象徴される異教の帝国が、一つの異なる力によって決定的な挑戦を受けてきたこと、そして、その異なる力の方が勝利することのしるしになる。

そこで、これ以上あり得ないほど明らかな仕方で私たちに問いが突きつけられる。私たちは十字架の前に立ち、私たちのためになされたことをすべて認める勇気があるか。私たちは、「神」という語のすべての意味を受け入れ、これらの意味がこの人に、この瞬間、この死に、再び集約し、それによって定義しなおされるのをあえて認めることができるか。私たちはこの世の支配者とは違うふるまい方をしなければならないというイエス自身の言葉の結果にまともに向かう勇気があるか。私たちは、このように贖罪神学と政治神学の、片方の深く個人的なメッセージともう片方の完全に実践的で政治的なメッセージを一つにして、ヤコブやヨハネの道に背を向け、イエス自身の道を受け入れる勇気があるか。そうでなければ、きっと、私たちは、残る二章で取り組もうとする課題、つまり、神がこれほどに愛し、メシアがそのために命を捨てたこの世にまだつきまとう悪の問題に、私たち自身の時代に、成熟したキリスト教徒として冷静な知性をもって取り組むという課題を始めることすらできないだろう。

第四章

悪が存在しないと想像してごらん——解放された世界を約束する神

序

私は第一章で、二〇世紀の多くの人々が信じていたことに反して、悪は実在し強力であり、私たちはそのことに気づかないことによって、突然再び姿を現した巨大な悪に未熟で賢明さに欠ける反応をするような立場に入り込んでしまうと論じた。第二章では、悪への古典的な聖書の取り組みを吟味し、旧約聖書は、イスラエルの物語を、創造主なる神ご自身が自分自身の造った世界に関与し、特に、一つの民を選び、彼らを通して悪の問題に取り組み対処しようとする深く両義的な示唆のある物語として語っていると指摘した。第三章では、私は、正典の四人の福音書記者はイエスと彼の死の物語をそれぞれ異なる仕方で著し、その出来事をイスラエルの物語のクライマックスとして、それゆえ、政治的悪と宇宙的悪が一緒になって神の御子を殺すことによって自分たちの力を消耗し尽くしてしまう点として強調していると論じた。このようにして福音書は、私たちに、単に本質的に非歴史的な救済に歴史的枠組みを提供しているのではなく、神が悪に、受肉したご自分に最悪のことをなすがままにさせることによってあらゆるレベルの悪に対処する行為の物語を提供する。この十字架理解は、もちろん、イースターの視点からのみ得られる。イースターの時点で、まるで谷の中にいた人に今まで濃く暗い雲しか見えなかったところに大きな山が姿を現してくるように、イエスが従順な死によって成し遂げたことが目に見え始める。

最後の二章で、私は、イエスが成し遂げたこの決定的なことがどのようにその効果を上げるように意図されているか、概略を描いてみよう。最初期のキリスト教徒によれば、イエスの死と復活によって成し遂げられたことは、世界から悪をすべて取り除き正義と美と平和の新しい創造を確立しようとする神の究極的目的の基礎であり、モデルであり、保証である。そして、これは単に人が受動的な期待で待っているように強いられているはるか遠くの到達目標として意図されてはいなかったことが最初から明らかだ。神の未来は、イエスにおいて既に現在に突入している。そして教会の務めは、成し遂げられたことを実行し、そうして、その未来を先取りすることである。私は、過去数年の研究で、教会の務めをこの終末論的枠組みで見ることは、私たちが今ここですべきこととの困難さや、可能性や、限界を理解するうえで私の知る限り最も役に立つ方法だということを見出した。

そこで、本章では、私は、十字架が成し遂げたことの実行と、神が約束してくださった未来の世界の先取りという二重の務めをどのように展開できるのか、私たちの個人的な人生でというよりもむしろ、特に、より広い世界で、つまり私たちの政治家やマスコミが突然悪の事実を再発見したがそれについてどう対処してよいか分からないでいる世界で、考えてみたい。第二章と第三章で示唆したように、私たちには、自分たちが「贖罪神学」と呼んでいるものを（個人的な罪からの個人的な救いと関係がある）一つの箱に入れ、いわゆる自然悪や世界の一般的な邪悪さを含む「悪の問題」を（聖書が実際に語っている物語にあまり密接な関係のない、善なる創造主にとっての哲学的あるいは論理的問題を構成する）もう一つの箱に入れて見る傾向があった。私は、第二章と第三章では、この問題の周りを固めて取り組むために、まず大きな世界的な外観を描き、その後初めて、私たちはいかに神の赦しを受け入れそれを他の人々に伝えるか、というはるかに個人的な問題に向かった。これらの二つの章は、もちろん、密接なつながりがある。神の赦しを伝えることの要点の一つは、南アフリカのデズモンド・ツツが如実に述べたように、これが人類がいまだかつて知った最も有望な、共同体の復興と癒しのしるしだということだ[8]。そこで私たちは、より大きな世界的な状況の描写から始めて、その中に個人的和解の問題を位置づけたい。

私の出発点と方法についてもう一つ言っておきたい。この章の題がすでに示唆しているように、私はここで物語の最後に飛んで、そこから後ろ向きに戻ってくるつもりである。これまでは、本書は前向きに進み、旧約聖書の物語をたどり、その後、イエスと彼の死と復活におけるそのクライマックスを見た。これは今でも、私たちが今どこにいて何をしているべきかについてのすべてのキリスト教徒の考えの基礎である。しかし私たちは、もしただそこから始めて、これらの基礎的な出来事がどのように世界でのキリスト教徒の働きの課題を設定するかを問いながら手探りで前に進んでゆこうとすれば、行き詰まってしまうかもしれない。一つか二つの鍵となる箇所で新約聖書がしていることは、その代わりに、悪からすっかり解放された世界の約束へと、究極の未来を指し示し、それを頭と心にしっかり刻みつけて自分たちがどこに向かっているのかを分かっているようにと私たちを招くことだ。またもや私たちは、イエスが成し遂げてくださったことを実行し、神の最終的な世界を先取りするべきなのである。私たちはすでに前者については見た。今は後者を見る時である。悪がないことを想像してみてほしい……。

これはジョン・レノンの有名な世俗主義賛歌〔「イマジン」〕のパロディだが、彼の言うことと異なり、「やってみればとても簡単なこと」ではない。悪自体についての私たちの考えが混乱しているまさにそのために、私たちには、悪が取り除かれた世界がどのようなものか想像してみることは難しい。昔、私の学校のある教員が、私たちに、神の王国が到来したらどのようになるか作文を書かせたことがある。友人の一人は嘲笑的に、たいして何も起こらないだろうと書いた。人々は金儲けをして世間で出世しようとする動機がなくなるからである。神の約束した究極的な未来について、それよりも創造的に考えることがどうしてできるだろうか。

もちろん、単にテロや独裁者や共産主義や汚職のない世界を考えるだけでは駄目である。それでは、私が暴露しようとした浅薄な二元論的思考を表すだけになってしまうだろう。また、逆の視点に立って、資本主義や富者による貧しい人々の搾取がなく、B52爆撃機や地雷もなく、公害もなく、世界の半分が支払いのできない負債に囚われていることもない世界を考えても駄目だろう――ただし、悪のない世界を思い描くように招かれればこれらのことをみな、自分たちの望むことのリストに含める人々は何百万人もいるだろうが。いずれにしろ、〈私たち－彼ら〉を分離して「私たち」の生き方は「善く」、「彼ら」の生き方は「悪い」と言うような二元論の危険がある。そしてこれは、究極的には、時間と空間と物質の世界は悪で、純粋な霊の世界だけが善であり、悪のない世界というのは、体を離れた霊が時間と空間のない雲の上の世界で非物質的なハープを弾いているような世界であると言う本体論的二元論と同様、たいして役に立たない。そのような世界を想像することは、確かに、やさしいことではない。幸運なことに、それは私たちがやるように招かれていることではない。

同様に、悪のない世界は、単に世界が自然の過程で徐々にどんどん良くなっていってできるものだと想像しても駄目である。悪のない世界を想像することは、決して単に、私たちがもう少し一生懸命働いて、すぐそこにあると誰もが知っている理想郷に到達するならどのようであるかを想像することではない。先に論じたように、この進歩の神話が二〇世紀に起こった恐ろしいことにもかかわらず今までなくならず、今も存在し続けていることは、まったく注目に値することである。

しかし、おそらく重要なことは、二元論的説明と進歩主義的説明という、これら誤った理解が、私たちの世界の人々が実際にふるまい、自分たちの生活を秩序立てているやり方の観点から展開されてきたということである。もし、あなたが二元論者であれば、今の時点で世界を変えるために私たちができることはあまりない。ものごとは、主の帰還まで、この邪悪な暗い涙の谷でかなりのところ今までどおりに続いていくであろう。だから私たちは、ものごとをより善くしようなどとすることさえ、しないほうがよいのだ。私たちはせいぜい、まもなく崖っぷちを飛び越えて落ちていく車を修理しているだけのことになろう（これは、労働者の境遇を改善することに対して、それは単に革命を遅らせるだけだからと、反対する極端なマルクス主義者のようだ）。この種類の二元論は、主教たちがよく遭遇する疑心暗鬼を生む。たとえば、体制が腐敗しており、国会やＢＢＣや劇場やフリーメーソンなどでは大きな陰謀が企てられていて、教会にまで魔の手が伸びているとの考えである。私たちの務めは、戦い蹴飛ばし叫ぶことであるが、究極的に必要とされるのは、神と悪との最終的対決である。これは、容易に悪魔的なものについてのある見方につながるが、それについては後に論じる。

しかし、進歩主義者は、非常に異なる見解をもつ。ものごとはどんどん良くなっており、それらが良くなっていく手段は、さまざまな種類の進化である。第一次世界大戦はこの原理で正当化された。もし、重要なことが適者生存であれば、私たちに必要なのは、誰が最も生存に適しているかという問題を解決する良い戦争である。北アメリカのインディアン部族に対する民族浄化は、ほぼ同じ時期に判を押したように同様の趣旨で正当化された。そして、それが今度は、帝国の新しい形の合法化を引き起こした。もし、世界が前進しているのであれば、そしてもし、神がこの前進していく世界を通して働いておられるのであれば、出現する新しい帝国は、神の働きの結果に違いない。だから、君も同乗して、明らかに神がなさっていることを支持したらよいではないか。これは、非常に多くのドイツ人を説得し、ドイツ的キリスト教徒の一派、一九三〇年代のいわゆるドイツ・キリスト者運動に加わらせた理論である。神は――と人々は言った――ドイツ国民を世界の新しい強国になるように高めた。このような考えに対して反対したのが、カール・バルト、ディートリヒ・ボンヘッファー、エルンスト・ケーゼマンなどの思想家である。

しかし今日、私たちは同じような議論が新しい種類の世界帝国を合法化するために主張されていることに気づく。その帝国とは、資本家の無制約の巨大化とそれが生み出す世界的な巨額の負債である。自由世界が世界の他の地域に対して自由に活動するいわゆる「自明の宿命」は、広く信じられている教義であり、合衆国の多くの地域で説教壇からさえも語られている(私は、二〇〇二年九月、ワシントン大聖堂でこれが雄弁に語られているのを聞いた)。これもまた、あまりにも容易に、戦争や戦争のうわさにつながってきた。

この章で私は、世界の歴史についてのキリスト教の見方は、イエスの死と復活の基礎の上に、悪の問題に対する一つの異なった取り組み方を提供すると提案したい。私たちは、悪が駆逐された世界を先取りしてイエスの成し遂げたことを実行するためには、二元論でも進歩主義でもない取り組みをしなければならない。しかし、そのことについて語る前に私は、悪の力について神学者たちが気づいた、私たちの世界のさまざまな構造の背後や内部に隠れている力について一言一言、言わなければならない。これは難しい主題であり、気安くやってみようとは言うべきではないのだが、私は、本来ならばもっと紙面をとって詳細に論じるべきところを短く要約してみなければならない。

幕間——悪を「サタン」と呼ぶこと

悪には隠れた側面がある。目にとまる以上のものがあるのだ。その隠れた要素は表現しにくいが、だからといって少しでも他の悪に比べて非実在的であるわけではない一つあるいは複数の力を含むと私は信じている。結局これは、今日の物理学でますます当たり前になっている特徴だ。もし一〇〇年前に科学者たちが宇宙に「ブラックホール」があると示唆したら、彼らはまったく意味のないたわごとを言っていると批判されたであろうが、現在私たちは、これを、データを説明する唯一の方法として受け入れている。他の言説領域で、同じようなことが考慮の対象から除外される必要はないはずだ。

旧約聖書では（本書でさまざまな段階においてすでに指摘した点を再び取り上げてより詳しく述べるならば）、ときどき、「サタン」と呼ばれる者が登場する。これはヘブライ語では、「ハ・サタン」で、「告発者」という意味の語である。そして、ヨブ記の冒頭の数章で、この者は神の天の法廷の一種の閣外大臣のように見える。彼はいわば検察官の長であり、彼の仕事は、神の律法に反する人を嗅ぎ出して裁判に引き出すことである。ヨブ記の場合、サタンはヨブをほとんど律法違反を犯さずにいられないほどの状況に追い込む許しを願う。ヨブ記では、ヨブは多くのことをなすが、サタンが望んでいたような形での罪は犯さなかった。すなわち、神を呪うことはしなかった。意味深いことに、ヨブ記の最後では、多くの人々の発言があるがサタンの声はもはや聞かれない。私たちが再びサタンに会うのは、歴代誌のダビデの人口調査の記述の中である（歴代誌上二一・一）。次に、サタンはゼカリヤ書三章一節で告発をする者として出てくる。そしてまた、私たちには、創世記三章の物語にだけではなく、ダニエル書の怪物が海から上がってくる黙示的幻視のうちにも、彼の息が感じられる。サタンは、非－人間的な存在のようであり、一種の天使で、いくつかの伝承によればおそらく元天使か堕天使であり、彼あるいはそれは（なぜか、フェミニストたちはサタンを〈彼女〉と呼ぶべきだとの運動はしたことがない〔聖霊や神を〈彼〉と呼ぶことには反対して、時に〈彼女〉と呼ぶことを唱道するのにだ〕）、人間に敵対するようになり、それゆえ、イスラエルに敵対し、そして、驚くに当たらず、イエスに敵対するようになった。聖書でサタンが登場する最も有名な場面は、もちろん、マタイによる福音書四章とルカによる福音書四章の、イエスの誘惑の物語であり、そこでイエスは、イスラエルが荒野で受けた試みと、アダムとエバがエデンの園で受けた試みを反復し、今回は、イスラエル（と人類が）屈した誘惑に勝った。

サタンは、人類とイスラエルとイエスに敵対しているだけではなく、創造そのものに敵対しているように見える。世界が必要としているのは、聖書の著者たちによれば再創造なのに、サタンは神の計画に反対して、かつて神にとても良いと言われた世界（創世記一・三一）をしつように無に帰そうとしている。言い換えれば、サタンの目的の頂点は、死であり、人間たちの死と被造界そのものの死なのだ。サタンが世界と人間を死に至らしめるために選ぶ手段は罪、つまり、人間に、神の似姿を世界に反映させるという使命に反抗させ、創造主である神を礼拝することを拒否させ、神への礼拝や使命を、被造世界の事物に対する礼拝やそこから不可避的な結果としての神の似姿としての人間性の喪失と取り替えさせることである。死は罪に対する恣意的な罰ではない。むしろ、罪の必然的な結果なのだ。偶像崇拝は性質上生きた神からの離反であり、潜水士が自分の空気ボンベの管を切るのと、霊的な意味で同じことだ。聖書でのサタン像はこのように、非人間的で非神的な、疑似人間的な力であり、創造された世界一般に対し、そして、特に人類に対して、ひたすら攻撃を仕掛け破壊しようとしており、とりわけ、世界や人間をイエス・キリストと聖霊において、そしてこの両者を通して、再創造しようとしている神の計画を一心に妨害しようとしている。

C・S・ルイスが有名な『悪魔の手紙』（*Screw Tape Letters*）〔森安綾・蜂谷昭雄訳、新教出版社、一九七九年〕を書いたとき、彼は、人々が悪魔について考えるときに陥りやすい二つの、正反対だが同等に誤っている間違いがあると示唆した。一つに、悪魔をあまりに真剣に受け取りすぎ、あたかも悪魔が神やイエスに対して同等に敵対するものと考え、あらゆる問題や苦しみや不幸の背後にサタンの影響や行動を見る間違いがある。この間違いは、今も私たちの間に見られる。今日でも、牧師としての仕事の多くを、そして実際、国家や社会の癒しのための実践的な仕事の多くを、多かれ少なかれ悪魔祓いの観点から見ている人たちがいる。確かに、悪魔祓いが必要な場面もあるだろう。少なくともほとんどの牧会者は、それがふさわしい状況に気づいている。しかし、私は同じくらい確かに、ルイスは、悪魔的なものの働きへの過度の病的な関心、庭のすべての木の背後にいる悪魔に出会うことができるとの期待に警告している点で正しかったと思う。

ルイスが考えた正反対の誤りは、人々が悪魔という概念自体をあざ笑ったりばかにしたりして構わないとの考えである。人々の心のうちに、赤いタイツをはいて角とヒヅメと尻尾を持つ悪魔像を示唆してみれば、人々はばかにして笑い、自分たちが悪魔の存在自体を捨て去ってしまえたと考えるか、あるいは、悪魔などいないと証明できたとさえ考えるであろう。これが、悪魔の存在の軽視の背後にあると思う。二〇世紀の神学者の多くは、悪魔的なものについての話にはただ、戸惑っていた――少なくとも、無視できないほど過激に左派の政治的な神学者たちが何人か、自分たちが取り組んでいる問題について語るときにこの言葉を使い出すまでは。このことについては間もなくまた語ろう。

しかし、本書では、人々が「サタン」について考えるときに陥りやすい更なる誤りがあると示唆したい。「サタン」というような言葉はすべて、私たちの性格や精神のうちにあって私たち自身にとって不快で存在を認めたくない側面を映す、単に架空の、おそらく「神話的な」、スクリーンへの投影にすぎないと推測する危険がある。

カール・ユングの洞察を受け入れる人々の中には、私たちは自分たちの「影の面」と仲良くなることを学ばねばならない、そして、私たちが今「悪」と呼んでいるもの、あるいは、私たちが今サタン的だとして避けているものをただ、私たちの全人的な人格のもう一つの側面、おそらく、非常に創造的な、そして、だからこそ脅威的な、側面にすぎないと見ることを学ばねばならないと言おうとする者もいた。ここには、魅力的で全体論的な響きがあり、悪魔的なものについての言葉のいくらかは少なくとも、そのような種類の投影であるとの提案には、真理がありそうにも思われる。しかし、聖書と何世紀にもわたるキリスト教徒の多大な経験は（私たちは、少なくともユダヤ教に同じような証拠を見出すことができ、それ以上先を見る必要はないだろう）そうではないことを示唆している。

実際、誤った印象には、一片の真理がある。聖書に書いてあり、多くの霊的な導き手によって経験され教えられているサタンは、はっきりと神に敵対している。特に十字架につけられ復活したイエス・キリストのうちに受肉した神に最高度に敵対している。ルカによる福音書四章六節でのサタンの主張は、彼（それ）には世界の支配権が与えられている、というものだが、マタイによる福音書二八章一八節のイエスの主張は真っ向からこれに反対し、今や、イエスにこそ天と地のすべての権威が与えられていると言う。けれども、サタンが、神やイエスが「人格的」というのと同じ意味で「人格的」であると考えるのは誤っている。それは、サタンがぼんやりして不明瞭な力だということではない。むしろその反対である。私はサタンを「人間以下」あるいは、「疑似人間的」と呼びたい。それは、サタンに人間性の尊厳を付与することを拒否し、しかも、彼の集中的な行為、巧妙な陰謀と策略が、私たちに人間性を連想させるものと似ているように思われうるし、実際にそう感じさせることを認識した呼び方である。

ここでもまたサタンは、特に一般の想像力の中では愚かで役立たない描き方で描かれており、私たちがそれを避けるのは正しい。しかし、私たちはそれだけで、これらの、サタンを些末的なものに見せるイメージが指し示しているリアリティを取り除くことができると考えてはならない。

最後に、投影という考えは、悪が何であるかについていくらか理解する助けになる。私たち人間は偶像崇拝を犯し、神でないものをあたかも神であるかのように礼拝するとき、宇宙の他の生物や存在に、本来私たちのほうが神の下でそれらに対して持っているはずの力や尊厳や権威を譲り渡しているのである。偶像を崇拝する人は、それが何であれ、自分自身が人間として世界に対して持つ権威を放棄し、代わりにそれを何であれ、そのものに与えているのであり、負の力を生じさせる。その力は神に反し、自分自身が束の間の世界の一部であるために、必ず朽ちて死ぬ運命にあり、私たちが注意を怠れば、私たちを自分とともに引きずりおろそうと狙っている。だから、私は、ウォルター・ウィンクによって有名になった理論(9)に少なくとも一片の真理があると考える。つまり、組織や会社や社会や立法機関は、そして、教会でさえも、人々がそれらにつぎ込んだ霊的エネルギーの総計であり、人々は自分たちの責任を放棄して、何であれその組織に代わりに責任を持たせているのだ。私は、この言葉には少なくとも一片以上の真理があると思う。

私たちは、このことをそう解釈しなければよく分からないコリントの信徒への手紙一、八章と一〇章に見るのではないだろうか。ここでパウロは、偶像にささげられた食べ物のことを論じている。彼は、八章で、神はお一人なので、偶像は実際のところ存在しないと主張する。そこで、私たちは、人が異教の神殿に行こうと行くまいと実際は問題ではないと考えるかもしれない。実に文字通り、何でもないことだからだ。しかし、そうではないと、二章後でパウロは言っている。異教徒が犠牲をささげるとき、彼らはそれを悪霊にささげている。そして、パウロはあなたには悪霊の祭儀に加わってほしくないのである。私たちはパウロに、それでは偶像は何でもないのか、それとも悪霊なのかと、問いたいところだ。きっとパウロは実際、どちらもだ、と言いたいのだろう。

しかし、それは異なる意味でのことだ。そしてそれは、多くの偉大な神学者たちが差し出した悪の説明と和合する。たとえば、トマス・アクィナスは、悪は実際は善の不在か欠如であると言ったが、これは決して、悪が不明瞭だとか、ぼんやりとしているとか、心配するようなことではないという意味ではない。もし、私が硬い石があると思っていた道に穴があれば、「そこに何もない」という事実は、私が歩いているにしろ、自転車で走っているにしろ、車を運転しているにしろ、非常に危険である。地下室に降るための梯子の真ん中で横木が一本欠けていたら、そのことは、私が暗闇の中を手探りしているなら、不明瞭でもぼんやりしたことでもない。そして、パウロやアクィナスが言おうとする要点は、偶像崇拝は、そしてあらゆる形の罪は、道路に深い穴を造り、私たちや他の人たちが必要とする箇所にあるべき横木が梯子から抜け落ちる原因となる、ということだろう。だから悪は、道徳的、霊的意味で、一つの黒い穴に等しいのだ。

これらのことはすべて、確かに神秘的な謎のようだが、たとえ（物理の言葉をもう少し使い続けるなら）ハイゼンベルクの言う意味であっても、これらをすべて私たちの考慮に入れることが必要である。ハイゼンベルクは、不確定性の原理をこう表現した――私が何かを観察するときには、私がそれを観察しているという事実が私が見ている対象を変化させ、私は決して、それを完全に正しく把握していると確信することはできない。彼が言うことと同様に、私たちの道徳的、霊的な等式のすべてには、何か不確定な要素、何かたとえようのないもの（*je ne sais quoi*）があり、私たちがどれほどどきちんと体系づけようと、どれほど祈ろうと、どれほど私たちの神学が健全でどれほど私たちが一生懸命仕事に行こうと、否定的な力があり、それはおそらく固有の実体を持つ〈否定的な力なる者〉とでも言うべきものであり、私たちに敵対して働いており、私たちはそのことを認めなくてはならないのだろう。

新約聖書全体の良い知らせは、この否定的な力、この疑似人格的な影のような存在あるいは諸存在は、イエス・キリストの十字架で打ち負かされたか、すでに打ち負かされていたということだ。これは、私がこの前の章で述べたこととの完全な説明と解決の一部である。そこで私が言ったように、私は、〈勝利者キリスト〉、つまり、すべての悪と暗闇の力に対するイエス・キリストの勝利というテーマを見たい。これを贖罪神学の中心テーマとすると、この周りに十字架の他のさまざまな意味のすべてがそれぞれ特定の場を得て納まるのである。

キリストの勝利は、悪の最終的な打倒の約束として、このように、本章の主題の準備として最終的要素となる。これらのことをすべて踏まえて、私たちは、神の新しい世界、悪がまったくない世界をどのように想像できるだろうか。そして、私たちはどのように、悪に対する過去のキリストの勝利と、勝利が完成する未来の世界の間で、しかるべく生きていくことができるのだろうか。

悪のない世界

未来の世界を想像する際の問題は、私たちがすべて、誤った印象を与えられているということである。私が他のところで言ったように、私たちは一般に思い描かれているような「天国」ではなく、イザヤ書やヨハネの黙示録で語られているような新しい天と地を想像しなければならない。聖書が描く究極的な未来は、体を脱ぎ捨てた魂とか、雲の上の智天使《ケルビム》とか、プラトンが考えたような、義人が行って一日中哲学を論じている「祝福された人々の島々」の世界ではない。むしろ、それよりもずっと堅固で、もっと確かに実在している。ヨハネの黙示録二一章と二二章は、言葉遣いは象徴とイメージに満ちているが、明らかに、これらの象徴やイメージが指し示す実在の世界が新しい創造であり、時間と空間と物質から成る世界にあらゆる点で似た世界であり、ただはるかに輝かしく、新しい可能性や新しい癒しや新しい成長や新しい美に満ちていることを明らかに思い描いている。

しばし、ヨハネの黙示録の最後の二章に注目し続けると、私たちは、新しいエルサレムの都、小羊の都に住む数え切れないほどの大群衆の共同体を想像するように招かれているのが分かる。この共同体からは、あらゆる形の人間以下の性質、あらゆる種類の堕落し非人間的になったふるまいが排除されている(二一・八、二二・一五、二七、これが二〇章の最後の裁きの場面とどのように和合するかの問題は、ここでは考えなくてよい)。この共同体は、宝石や金や完全に均整の取れた建物のすべてが示すように、輝くほど美しい所だ。これは、今も(二一・四)、神秘と約束に満ちて未来でも癒しの場である(二二・二では、都から流れ出る川のほとりに育つ命の木の葉が「諸国の民の病を治す」)。美と癒しの共同体を想像することは、イエスの死と復活を通して神がもたらそうとしている世界を私たちの心の目で見る大きな一歩だ。これが、私たちが聖霊に与えられたエネルギーを向けるべき世界なのだ。

同じ究極的な実在の世界をパウロがどう描いたかを考えると、最初に出会うのは、コリントの信徒への手紙一、一五章で、そこでは死のない未来の世界が強調されている。死は――良き創造と神の似姿なる人間が腐敗し朽ちることなので――究極の冒瀆であり、大きな侵害であり、サタンの最終的な武器であるから、死そのものが打ち負かされるであろう。それが、復活の要点であり、この章の主題である。単に、霊的な意味での「死後の命」は要点ではない。霊だけの死後の命は、死と結託するものであり、死を克服するものではない。私たちは、単なる死によっては到達できない世界を考えるとき、西洋の文化の中で、非肉体的な世界を考える傾向がある。しかし、パウロがここで語っている真に顕著なものは、腐敗しえない、殺すことのできない肉体的な世界である。新しい創造こそが重要であり、それは、新しい種類の肉体性を持った新しい種類の世界であり、その世界は、朽ちて死ぬ必要はなく、四季の移り変わりの影響も、自然界の中で（私たちの目には）一見無限に続く死と誕生の影響も受けないであろう。神の新しい世界との関係では、現世のあらゆる美と力は単にこの世界を指し示す道標のようなものにすぎない。しかしそれでも、それらは真の道標であり、（プラトンの体系と異なり）抽象的なものや非肉体的な実在界ではなく、むしろより肉体的で、より堅固で、より完全にリアルな世界を指し示している。その世界では、肉体的な世界がその最も深い意味を表に現し、水が海を覆っているように大地は主を知る知識で満たされる（イザヤ書一一・九、ハバクク書二・一四）。

パウロが描く未来の世界の最大の描写は、ローマの信徒への手紙八章一九―二五節にある。パウロは書いている。被造物は虚無に服してきた（八・二〇）が、私たちはそのことを知らない。木は最高の豊穣さに到達し、その後、何もつけなくなる。夏はその頂点に達し、すぐに日が短くなり始める。人間の命は、有望さと美しさと笑いと愛に満ちていても、病と死で短縮される。私たちが知る被造世界は神の力と栄光を証言するが（ローマの信徒への手紙一・一九―二〇）、同時に、被造世界が囚われている現在の不毛な状態をも証言する。しかし、この囚われの状態も、神が、イースターでイエスになしたことを全宇宙に対して行うとき、聖書に記されているあらゆる奴隷状態と同様、〈出エジプト〉、つまりその解放の瞬間を与えられる。これはあまりにも壮大で、まばゆい展望なので、パウロの敬虔な読者ですら、多くが、目をしばたいてこすり、この段落を無視して読み飛ばしてしまう。しかし、ここここそ、パウロの持論のすべてが帰結する箇所なのである。ここここそ、彼の大きな主題である、神の義が、――私たちは、これを、「悪の問題」をめぐる極めて多くの議論の主題である、神義論! と言ってもよいであろう――その最大のクライマックスに達する箇所なのである。神の義のテーマは、一般的なパウロ理解では人間の救済のテーマの一部として読まれてしまうことが多いので、厳密な解釈の問題として、ローマの信徒への手紙一章一六―一七節に述べられているテーマは、単に三章二一節―四章二五節や五章一―一一節や八章一―一一節だけにではなく、ここの八章一九―二七節にも十分に述べられていることを思い出さなければならない。問題は、必要な変更を加えれば（*mutatis mutandis*）、第四エズラ書として知られている一世紀のユダヤ教文書で論じられているような問題と同じであり、被造世界全体が正されなければ、神は創造主として失敗した、あるいは弱くて能力が不足している、あるいは、実際は不正なのだと見えるかもしれない。しかし、そうではない、とパウロは宣言している。被造世界の刷新、古い世界から出産の痛みを伴って生み出される新しい世界の誕生は、神が正しいことを実証するだろう。ローマの信徒への手紙八章は、「悪の問題」に対する、神の義の問題に対する、新約聖書の最も深い答えである。そして、これはすべて出エジプト記のパターンで、奴隷たちの解放、十字架と復活、聖霊の新たな力強い命という形で成就される。

そうして、新約聖書は、新しい世界を、美しい癒しの共同体として想像するように私たちを招いている。命とエネルギーの活気に満ちた、腐敗しない、死の手も届かず、朽ちることもない世界を思い描くように、そして、私たちの心の目で、腐敗への奴隷状態から解放されて、真に、創造主の意図した自由な姿に生まれ直した世界として見続けるように招いている。私たちは方位計をここに向けて、私たちの前にあるそこまでの道のりを見つけなければならない。私たちがそのような世界をどのように描くべきかは、それ自体難しい問題であり、このことについては間もなく考える。しかしその前に、私たちは、この新しい世界を現在に先取りして経験し始めよう。パウロがローマの信徒への手紙八章で強調するように、私たちの現在の命の要点は、この未来の世界の命を先取りし、最終的な賜物を聖霊においてうめきながら待ち望むことにある――同時に、勝利がすでに勝ち取られていることを喜びながら（ローマの信徒への手紙五・一―五、八・三一―三九）。

仲介の務め

イエスの死と復活を基礎にして、私たちが想像するように招かれている新しい世界の始まり、先取りしたしるし、私たちが現在実践していく取り組みとして五つの非常に異なる道があると、提案したい。ここでは、紙面の都合から、ただそれらを列挙するだけにとどめざるを得ないが、短くでも、それぞれにふさわしい、もっとずっと詳しい扱いを示唆したい。

(1)祈り

ローマの信徒への手紙八章の、私たちが少し前に見た箇所で、パウロは、祈りは、究極的に贖われた世界の秩序の中心的な先触れとしての鍵であると示している。その世界では、贖われた人間性が、それぞれしかるべき位置を得て、創造主を礼拝し、神の至高の支配権を分かちもって世界への執事の役割についている(ローマの信徒への手紙五・一七、ヨハネの黙示録五・一〇)。キリスト教徒たちは現在聖霊の新しい命へと招かれているが、この命は、単に私的で、くつろいだ気楽な霊性での霊的な慰めをゆったりと楽しむというような問題ではなく、むしろ、祈りの神秘の中での終わりのない苦闘、神の賢明な癒しの秩序を現在の世界にもたらし、十字架の勝利と最終的な贖いの先取りを実行する苦闘なのである。祈りでは、私たちは、より真に人間的になるように、私たちが神の愛した世界のためにとりなすように似姿として造られた神を礼拝するように招かれ召集されている。御子の死と復活に続いて神がこの世に対してなした取り組みの初めは、現在のこの世のあり方に同調することを意識的に拒否し神の意図するやり方に従うすべての民族から選ばれた一つの民を聖霊によって創造し、召命を与えることであった(ローマの信徒への手紙一二・一―二)――「あなたがたはこの世に倣ってはなりません。むしろ、心を新たにして自分を変えていただきなさい」(引用は一二・二)。この章の題にもなりそうな発言である)。その民は、自分たちの間にそうした緊張を持ち、それを祈りにしながら、新しい世界が癒しと希望において現在の世界に突入し始めるための仲介者になる。祈りは、そうして、神の民の務めの核心、彼らの栄光に満ちた、不思議で、不可解で、しかも高貴な使命の核心にある。

(2)聖性

キリスト教徒が徹底的に聖なる生活を送る使命は、同様に、開始された終末の問題、つまり、現在において、究極の未来に当てはまる規則に従って生き始めることの問題である。キリスト教徒の倫理は、私たちが「することを許されていること」と「することを許されていないこと」のリストで成り立っているわけではない。むしろ、偶像崇拝と罪が十字架で打ち負かされ、新しい創造がイースターで始まっているという根拠に基づいて神の新しい世界で生きるようにとの招きからなる――そして、この、十字架で成し遂げられたことに基づいた新しい全世界は神の霊の力によって保証されている。ローマの信徒への手紙八章一二―一七節は、このように、キリスト教徒に、出エジプトの民として生きるように、そして、エジプトでの奴隷状態に戻ることを夢見ることなく、実際に死に至るようなものを死なしめ、神の霊が、その霊に導かれている人々のために、その人々のうちに創造する新たにされた命を生きるための努力を促している。この主題を最もよく言い表した言葉の一つが、コロサイの信徒への手紙三章一―一一節で、「あなたがたは、キリストとともに復活させられたのですから、上にあるものを求めなさい」〔三・一〕とある――これは、非常に実践的な点から、今ここで人間の生活を汚すものはすべて、特に一方での怒りや恨み、他方での性的不道徳は、取り除かれねばならないという意味である。

ここまで、私たちは、十字架の使信の標準的な「適用」として予期されそうな範囲からあまりそれないできた。祈りと聖性については、私は、簡潔にあまりなじみのない角度から（開始された終末論の視点から）解説してきたが、これらは結局、キリスト者の生き方としてよく知られたテーマである。しかし、もっと広く見るならばどうだろうか。もし、神の義が結局、ローマの信徒への手紙の主題であるのなら、私たちは、そのテーマを通して、二一世紀の正義の問題にまで入って行ってもよいのではないだろうか。この同じ取り組みが、「悪の問題」が特に強く感じられる私たちのより広い世界で、私たちが悪を正しく分析できず、悪に成熟した知恵をもって応答することに失敗したために私たちの世界が最初よりももっと混乱してしまった状況でのいくつかの問題についてもできるのではないだろうか。

(3)政治と帝国

この取り組みは何よりもまず、人間の手による政府や権威や帝国のふるまい方についてである。特に本書第三章で見たマルコによる福音書一〇章三五―四五節の解釈を念頭に考えればそうである。もし、イエスが復活した後に言ったように、天と地のすべての権威が彼に委ねられているということが本当ならば、すべての人間的な権威についてのキリスト教の見方は、それらはせいぜい究極的なものの次に来るにすぎず、決して究極的なものではない、ということだ。人間的権威は、死んで甦り、今、全世界に説明を求めているイエスに対して責任があるとみなされる。

しかし、だからと言って、人間的権威が悪いものだというわけではない。悪くはないのだ。神は美しい世界を創造した。そして、人間が神の代わりにその世話をすることは、常に神が意図することだった。そのことは、人類が神に反抗したからといって変わっていない。変わったのは、もちろん、人類がこの使命を果たす能力である。神の意図では、人間の権威者たちは神の賢明な、憐れみ深い義が世界に影響を及ぼすようにして、悪を抑止するべきである。二〇〇五年八月のニューオーリンズでの災害で最も恐ろしかったことの一つは、数日間、すべての法や秩序が崩壊してしまったことだった。そうなると、再び混沌がやってきて、力が唯一の正義であり、弱者はただ動かない標的のようなものとなってしまう。神はそのような状況はいかなるレベルにしろ常に憎み、人間の権威者たちにそのようなことが起こらないように防ぐことを求めている。しかしながら、すべての人間は、権威者たちが抑止するように期待されている悪を分かち持っている。そのため、ある一時期に権力を持った特定の人間たちが巧妙に、あるいはそれほど巧妙ではないかもしれないが、自分たちの権力を乱用して自分自身の利益のために法律から外れたことをすることはあまりに容易になされている。

この複雑な状況の中で、キリスト教徒は決して、強い権威が従順な民衆を支配する、というようなポスト啓蒙主義の右派の標準的な解決に安んじてはならないし、また、革命や究極的には何らかの種類の無政府状態が理想とさえも見られる左派の解決に安んじてもならない。そこで、キリスト教徒は（そして、この点ではユダヤ人もだが、そこまで踏み込むと、この章で扱い切れないほど複雑になってしまう）、支配者の権威を何であれ尊重すると同時に、その権威の持ち主には、自分たちが神に与えられた務めを思い出させ、彼らがその務めを成し遂げられるように励まし助けるように常に働く義務がある。その主な務めは、正義を行い、憐れみを愛し、弱く傷つきやすい人々がしかるべき面倒を見てもらうようにすることである。医療サービス（最初期のキリスト教の偉大な革新の一つは、自分自身がキリスト教徒ではない人々も家族ではない人々も含めて、病の人々の面倒を見たことである）、教育、貧しい人のための働き――これらはすべてイエスが主であり、世界の諸権力は彼の僕であることのしるしである。

これはもちろん、目下世界を支配している既得権が、単に何かが自分たちの目的に役立つか敵対するかによって、尊大にも「善」あるいは「悪」と決めつけて語ることの正当性を問い直させるだろう。そのことは、自分たちの金融制度によっていくつもの国全体を返済不可能な負債を抱えた状態のままにしている人々や、カースト制度によって、何万人もの低いカーストの人々にみすぼらしい窮乏状態を被らせている人々についても当てはまる。そして、私たち西洋の者は、世界の他の地域について尊大に語るときに、自分たちの優先順位や修辞的言い回しを修正することを求める招きとして、思い出さねばならないのだが、最初期のキリスト教徒は、彼らの従兄弟のユダヤ人と同様、支配者や権威者がどのようにして権力を持つに至ったかということなどは特に気にかけなかった。彼らはむしろ、支配者や権威者がいったん権力を握ってから何をしているかのほうにはるかに関心があった。いったん何かしらの種類の選出が行われたなら、そこで生じた政府が白紙委任状を持ち、次の何年間かは合法的に何でもやりたいことができるというような考えは、聖書の著者たちが求め促している自由と知恵の曲解にすぎない。

(4)刑法

「善」や「悪」という言葉は刑事司法制度を作る人々もよく用いる。繰り返し耳にするのは、ある人々が純然たる「悪」であり、それゆえ、長い間監禁されなければならないと言葉に出して言ったり、そうほのめかす言葉である。それに対して、以前の世代の自由主義思想家は、「悪」などというものが実際に存在するという考えに驚きあきれ、「悪」は国会制定法やより良い下水道などによって既になくなっているはずだと考え、誰も悪などではなく、単に誤っているだけで、彼らを誤らせたのは社会全体であり、私たちすべては等しく罪があると主張しようとした。政治の振子はこれらの両極端の間を振れてきた。そして一方の人々は、ますます多くの人々を監禁しようとして、ほとんど罪の犯し方を知らない人と常習犯を一緒に投獄し、その結果、慣れた犯罪人が他に効率の良い罪の犯し方を教えるといった、いわば犯罪の大学を作っていることに気づかず、他方はもう片方の見方をしようとして、偏狭で超然とした見事な態度で、結局はすべてのことは本当に大丈夫なのだというふりをしている。

しかし、これらのどちらも、福音書が命じることを正しく表してはいない。私たちが緊急に必要とするのは、そして、ありがたいことに、西洋世界の一部の遠い地域で現実になりつつあるのは修復的正義の採用である（たとえば、ニュージーランドなどでだが、この最も東方にある陸塊を西洋世界の一部ということが逆説的なのは私も分かっている。しかし、そのような逆説はあの素晴らしい国の特徴なのだ）。そのような構想のもとで、共同体全体が、悪をありのままに悪と呼び、人々を戸惑いの目から隔離することによってではなく、罪人と犠牲者がともにその家族や友人を交えて、起こったことを真剣にまた率直に見つめ、前進するための合意を見出すようにすることで、悪に向かい対処しようと取り組んでいる。これは困難だが健全な手本であり、健全な結婚や健全な個人に対応している。このやり方には、十字架のしるし（悪を正面から見て、その力を完全に感じることに甘んじる）と、すべてが知られすべてが正されている世界の希望との両方が備わっているようである。

⑸国際紛争

見解の同じような両極化は、国際関係で事情が悪くなるときに明らかに見られる。国際関係が悪化することは今までも常にあったし、これからもいつもあるだろう。またもや、これらは大きな問題であり、私たちは、もっとはるかに詳細に論じることができる問題を短く要約して述べるしかできない。

一方で、一部の人々の主張によれば、事実上、力は正義である。軍事力や経済力がある者たちが、それによって何でも自分のやりたいことをする権利を獲得している。そうして、この視点から見れば、偶然力を握った人々が、世界のどこへなりとも行って他の国々に干渉し、自分の好きなところで好きな時に自分の意志を押し付けるように、神に使命を与えられている。一方、多くの人々は、何かこの世の過激な悪に直面すると、一歩引いて、それはほんの地域的問題にすぎず、解決するとすればその地域で解決されるようにしなければならないと言う。つまり、融和政策である。どちらの側も、相手の政策が通じる明らかな行きすぎを非難している。

私たちが緊急に必要とすることは、ローマの信徒への手紙一三章に強調されている合法的な権威の概念を国際的な領域に広げ、本書で今までに述べたこと、つまり、すべての権威は神から来ており、イエス・キリストの普遍的な主権のもとにあるということを思い出すことだ。国際連合と国際刑事裁判所は、私たちに今ある、これにいくらかなりとも近い唯一の団体である。私たちが近年見てきた、この両者に対してイデオロギー的にも実践的にもなされてきた多大な抵抗と、ジュネーブ条約のような国際的な条約の露骨な無視は、私たちが今までになく深刻に、良い国際機構を必要としていることを示す憂うべき兆候である。悪というようなものはあり、それは取り組まれ、打ち負かされなければならない。悪を無視するのではなく、また、重火砲によって吹き飛ばすのでもなく（今日使用できるあらゆる高性能な爆弾をもってしても、いったん撃ち合いが始まれば、やはり、一般市民が何十万人も殺される）、十字架のメッセージと方法をもって悪に取り組むことによってである。

想像力を教育する

これらの目標に少しでも近づくためには、私がずっと言ってきたように、私たちは、悪のない世界を想像し、その目標に近づいて行けるための手段を考えることを学ばなければならない。そして、私たちは決して今の時代にその目的を完全に遂げることはできないだろうが、だからと言って、この世の今の状態におとなしく黙って従ってはならないと、気づくことを学ばねばならない。またもや、ローマの信徒への手紙一二章一―二節が思い出される。

しかし、キリスト教的想像力は――長い世俗主義の冬を通してしなび、飢えてしまっているので――覚醒させられ、活気づけられ、正しい方向に向けられなければならない。これらのどれも、重要である。キリスト教徒は、神からもお互いからも、自分たちの想像力を用いて、未来の新しい神の世界や、その世界のさまざまな面の手本となり具現するような礼拝や奉仕の新しい形を予見することを許されていると感じる必要がある。私たちは、この想像力がより活気を与えられ、育てられ、はぐくまれることによって、生き生きと独創的になり、ずっと昔に学んだわずかな概念の小さな枠内を怠惰に回っているだけではなくなるようにしなければならない。そして、キリスト教徒の想像力は、鍛錬され、焦点を絞られ、良心自体とともに方向づけられて、決して早急に右往左往走り回るようなことがなくなるのでなければならない。昔の想像的世界がどれでも同じように良いと思うべきではない。フィリップ・プルマンの明確に反キリスト教的な見事なフィクションは、かならずしもすべての独創的で創造的な考えや著作が神の王国の大義に役立つわけではないことをはっきりと思い出させてくれる。

どのようにすればキリスト教的想像力は再教育されて、私たちが、イエスによって達成された勝利とすべてのものごとの究極的な刷新の間に生きていることに意識的になれるのだろうか。この時点で私たちは、芸術について話さねばならない。神の似姿に造られたこととの一つの側面は、私たち自身が創造者であり、少なくとも、生み出す者であることだ。真の芸術は、このようにそれ自体、被造世界の美への応答なのだが、その被造世界の美は、それ自体、神の美を指し示している。

しかし私たちはエデンの園で生きているわけではない。エデンの園で生きようとする芸術はたちまち、たるんでつまらなくなる。私たちは、堕ちた世界で生きており、被造物をあたかもそれ自体が神的なものであるかのように礼拝する汎神論に加担するような試みは、いかなる種類にしろ、常に、悪の問題に突き当たる。この点で芸術は、哲学や政治と同じく、しばしば他の方向に大きく揺れて、意を決したように醜さにさらなる醜さで答える。この例は、現在、英国の芸術に多出している。たとえば一種のブルータリズムは、リアリズムの仮面をかぶって単に不毛さと退屈さを表現している。キリスト教徒が統合的な世界観と、心と精神と思いを尽くして神を愛したいとの熱望をもって、この行き止まりを打開して前向きの道を見出し、おそらくその道をリードしてゆけるすばらしい機会は確かにある。ここでもまた、パウロが助けになる。

ローマの信徒への手紙八章で、パウロは、被造物はすべて贖いを熱望しつつ生みの苦しみに呻いていると断言している。被造世界は良いが、神ではない。美しいが、その美は目下のところ、一時的なはかないものにすぎない。被造世界は痛みを感じているが、その痛みは神の心そのものの中に取り込まれ、新しい誕生の痛みの一部になる。芸術は被造世界の美に応答して、その美を表現し、模倣し、強調しようとするが、この美は被造世界自体が持っているわけではなく、被造世界が約束されているもののゆえの美しさなのである。ちょうど、婚約指輪が特に美しいのは、それが象徴する約束ゆえであり、聖餐の杯が美しいのは充たされるということの意味を私たちが知っているからなのと同じである。もし、キリスト教芸術家がこの真理を垣間見ることができれば、汎神論に陥ることも、過酷で否定的な「リアリズム」に陥ることもなしに、美を賛美し、思いを尽くして神を愛することに向かって前進する道が開ける。最高の芸術は、ものごとのありのままの様子に注意を引くだけではなく、ものごとのあるべき姿にも注意を促す。その、あるべき姿は、神の恵みによって水が海を覆っているように大地が主を知る知識で満たされるときに実現するであろう。そして、キリスト教の芸術家がその務めに取り組むとき、彼らは、私たちが探し求め、そうするように招かれている、心と精神と思いの統合を助けてくれるだろう。彼らは、神が造ろうとしている新しい世界を予示するだろう。その世界の先触れは、すでにイエスの復活において見られており、彼が十字架で死んだとき、この世界の自由な性質は勝ち取られている。このような方法によって私たちは再び、悪のない世界を想像することを学び、この時代のただ中にあってさえも、何でも私たちができる方法で、それが現実になるように働いていくことができるだろう。

結論

この章では、広範囲な事柄について短く見てきた。取り上げた事柄はそれぞれ、それ自体として、より詳細に研究することができよう。けれども、少なくとも、私たちの前にある膨大で心躍る課題を示すことはできたと思う。私たちは、悪の問題や神の義を理解するように招かれているだけではなく、その問題の答えの一部になるように招かれている。私たちは、一方には十字架と復活、もう一方に新しい世界がある二つの時の間に生きるように招かれている。そして、十字架と復活が成し遂げたことを信じ、新しい世界をどのように想像すればよいかを学ぶことによって、私たちはその両者を、祈りと聖性とより広い世界での行為をもって結びつけるように招かれている。次の章では、私たちは、このことがどのように、私たち自身の内面や私たちの周りの人々の中にある悪とともに生きることに関係するかを、福音の中核となる主張である赦しのテーマを掘り下げる際に、詳細に見てゆこう。しかし、今のところ、私たちは、水が海を覆っているように大地は主を知る知識と主の栄光で満たされる、と約束された新しい世界に向かって働いていくように励まし合おう。そして、とりわけ、私たちにその世界を見せ、私たちの想像力を鼓舞し、私たちが試み成就するように神が望んでいることを、私たちがもっと容易にまた喜んで信じ、それに向かって働いていけるようにする才能を神に与えられている人たちを励まそう。

第五章

われらを悪より救い出したまえ——自分自身を赦し、他の人々を赦すこと

序

私は、第一章で悪の問題の概略を述べたとき、この問題は私たちが考えるよりもずっと深くずっと深刻だと論じた。第二章では、イスラエルの物語がそれ自体、悪の問題そのものに対する解決あるいは、少なくとも解決の鍵となるように描かれていると考える旧約聖書の読み方を提示した。そして、旧約聖書がまだ私たちに結末を探求し続ける物語を残していることを見た。そして、第三章では、福音書の、特にイエスの死の物語の一つの読み方を提案した。その読み方は、私たちが伝統的に「贖罪神学」として考えているものをより大きな土俵で、つまり、世界を悪から救出しようとする神の計画と悪の諸力自体、つまり、カエサルやヘロデやサドカイ派の悪しき支配体制とそれらの背後に存在する暗い、人を告発する力の両方との究極的対立として位置づけるものである。第四章では、私は、未来を見る一つの見方と、悪のない世界を想像する方法を提案し、そのことによって、私たちはどのようにすれば、今日のキリスト教徒としての務めをそのような未来の到来を単に受身に待っているという観点からではなく、そのような未来の世界を現在における祈りと聖性と正義のうちに先取りするという点から考えることができるかを見た。ここから私たちは、今、最終章となるこの第五章で、これらすべての中心にある問題に行き当たる。「われらを悪より救い出したまえ」と、私たちは主の祈りで、繰り返し祈っている。このことはどのように起こるのであろうか。個人としての私たちにだけではなく（「悪の問題」が骨身にこたえるのは、もちろん、これが単に緊張感の乏しい大きな宇宙的問いではなく、私の問題やあなたの問題になった時である）神の世界全体として、どうなのだろうか。

この問いの核心に至るために私が選んだ方法は、赦しの性質をよく考えてみることだ。私は、私がこのテーマについて考えた時に、特に三冊の本が助けとなったことに気づいており、この問題を真剣に考えたい人には誰にでも、これらを薦める。一冊目は、ミロスラフ・ヴォルフの『排斥と抱擁』（*Exclusion and Embrace*）である（これは二〇〇二年に、栄誉あるグロマイヤー賞を受賞した⑽）。ヴォルフは、現在はイェール大学で教えているが、何年か前、次のような問いに直面した――バプテスト派のクロアチア人である彼は、セルビア人が彼の国になしたあらゆる恐ろしいことの後でいったいいかにして、セルビア人正教徒の隣人を愛することができるのか。彼が気づいたことは、ユルゲン・モルトマンの影響があるかもしれないが、もし彼がその問いに答えることができないのであれば、彼の神学の真正性はすべて疑問視されるということだった。そのような問題に迫られて生きていかなければならないような経験のない私のような者たちは、ヴォルフがキリスト教徒としての強い知性をもって、このような極めて感情を揺さぶり、深く個人的に関わる問いと格闘し、その過程で、私たちの時代の大きな文化的、哲学的、そして神学的諸問題のいくつかに向かうのを見るにつけて畏敬の念を感じざるを得ない。

ヴォルフの基本的な議論は次のようである。私たちは国際関係を扱っているときも、一対一の個人的関係を扱っているときも、悪は悪として、立ち向かわなければならない。触れずに済ましたり、悪が（気楽な生き方のためにしろ、その場限りの解決を求めてにしろ）それほど悪くないというふりはしてはならない。そうして、悪と悪を行う人間の両方がありのままに認識されてから――これがヴォルフの言う「排斥」である――その後で初めて、第二の動き、「抱擁」、つまり、私たちや私にひどい苦痛を与えて傷つけた人を抱擁することがありうる。もちろんそのときでも、悪を行った者が自分の行為をそのような光に照らして見なければ、抱擁は起こらないかもしれない。しかし、もし私が悪を悪と呼び、力を尽くして真の赦しと和解を差し出せば、私はその人を自由に愛することができる。たとえ、その人が応答したがらなくてもである。

ヴォルフの議論は、抜きん出た知性で個人的にも共同体レベルでも深く考えさせるものであり、この短い要約は、この圧倒的な議論を十分正しく言い表しているとは言いがたい。二番目の本は、デューク大学神学部長のL・グレゴリー・ジョーンズが書いた『赦しの実践』[11]（*Embodying Forgiveness*）である。ジョーンズは、赦しとは実際に何であるか、そして、キリスト教徒として、私たちはどのようにそれを実践して生きてゆけるのか、牧会的にも個人的にも詳細に深く掘り下げて論じている。赦しのメッセージが新約聖書とイエスの教えに占める中心的な位置を考えると、教会全体の中で、この問題についてどれほどわずかしか教えられてこなかったように見えるかは、驚くべきことである。この書は、すべての個人としてのキリスト教徒だけではなく、あらゆるキリスト教共同体も多くを学べる牧会的、神学的知恵の宝庫である。

第三の本は、さらにはるかに明らかに実践的で、実際、政治的に書かれているが、その下地となる神学的基礎は堅固である。私が言っているのは、デズモンド・ツツの驚異的な『赦しなしには未来はない』[12]（*No Future Without Forgiveness*）のことである。真実和解委員会を通して彼が成し遂げたことは、世界が知っている——ときに、知らないふりをしたがるのではあるが。真実和解委員会が行ったことはもとより、そのような団体が存在するという事実だけでも、私が生きている時代のキリスト教の福音の力を示す最も並外れたしるしだと、私は躊躇なく言える。私たちは、このようなことがあり得ることが二五年前にはどれほど考えにくかったかを考えてみれば、あるいは、このようなことがベイルートやベルファストや、悲しいことにエルサレムでも、いまだにどれほど考えにくいかを考えてみさえすれば、どれほど真に驚くべき、畏れとおののきとで神に感謝するべきことが起こったかが分かる。私たち西洋のジャーナリストの大部分はほとんど注意を払わなかったが、白人の公安部隊と黒人のゲリラの両方が公に自分たちの暴力的で恐ろしい犯罪を認めたことは、それ自体、驚異的な出来事である。そして、これらの告白とともに、拷問を受け殺された者の家族は、初めて、真の深い悲しみのプロセスを始めることができ、そのことによって、絶えることのない怒りと憎しみに終始する代わりに、赦すことについて、少なくともその可能性を考えることができるようになり新しい人生の糸口を見つけることができたのである。この企てすべては、人間としてのあり方の、西洋世界の多くで提案されている名ばかりのキリスト教的生き方とは異なる一つの道を指し示している。それゆえこれは、悪の問題そのものに対する答えを示す、あるいは少なくとも、そのような「答え」が今日の私たちに開かれているということを示す一つの道標として働く。

しばし、赦しの内的な力学を考えてみてほしい。多くの読者はこの点について、おそらく心理療法的なカウンセリングについての何かの知識を通して知っているであろうが、それをより大きな総合的な悪の問題自体と結び付けてみたことのある人はそれほど多くはないだろう。実際は、私たちが誰かを赦すとき、私たちはその人たちを私たちの怒りとそこから起こりうる結果の重荷から解放するだけではなく、私たち自身をも、何であれ彼らが私たちに対して行ったことと、もし私たちが彼らを赦さず自分たちの怒りや苦々しい思いにしがみついているなら抱き続けて生きることになる不自由な感情から解放してくれる。赦しは、――私たちに対する神の赦しも、私たちが互いに赦し合うのも――悪からの解放の中心的な一部分なのだ。私がこの章でやりたいのは、まず、この点をより大きな悪の問題そのものとの関係で、つまり、神や世界との関係で考察し、すべての究極的な解決を探求することだ。そして次に、この最終的な解決を、私たち自身の生活で個人的にも共同体としても先取りして経験することが私たちにとって持ちうる意味を探求したい。

悪に対する神の最終的勝利

まず、悪に対する神の究極的勝利を見ていこう。私は前の数章ですでに、悪の問題が進歩や進化という観点で解ける可能性はあり得ないと示した。もし、世界がどんどん良くなってユートピアになっても――私たちが、そのような可能性に対して皮肉になるなら、それはけっして適切なことではないが――それで、今までに起こったすべての悪の問題が解決されることにはならない。がっかりする人も（残念ながら）いるだろうが、私は、そもそも悪の源はどこにあるのか、そして悪が神の良き被造世界で何をしているのか、という問題への答えを即座に見出せるとの見通しもないことを示した。しかし、私たちは、神がついにヨハネの黙示録二一章に約束されている新しい天と地を造り、ローマの信徒への手紙八章に約束されているように究極的に被造世界を腐敗の束縛から解放して神の子の栄光にあずからせ、コリントの信徒への手紙一、一五章に宣言されているように死自体を含むすべての敵を打ち負かして神がついに「すべてにおいてすべて」（一五・二八）となられるとき――これらのことがすべて起こるとき、この新しい世界に悪がなくなるだけではなく、現在までの何千年もの長い時に起こったすべての悪に対しての怒りも恨みも残らず、罪責感の重荷を負うこともなくなるのはどうしてだろうか、という問いに向かうことはできるし、また向かわねばならない。

その答えは、三つの場所にあるのではないだろうか。その一つは、私が二章前に見たもので、あとの二つはここで話題にしていることである。第一に、イエス自身の死は、新約聖書では、多面的にではあるが一貫して、悪に立ち向かい、対処するための手段として見られている。悪は打ち負かされてしまい、――初代教会がよく分かっていたように――この大敗北の後ですらいまだにその毒性を持ち続けているようには見えるが、その力は消耗させられてしまっている。しかし第二に、そして同じように、イエスの死のゆえに、神は私たちを赦してくださるであろう。そして、その赦しとともに神は、世界をその罪責の重荷から解放するだけではなく、ご自身を、誤った方向に行ってしまった世界に対して常に怒っていなければならない重荷から解放なさるだろう。そして第三に、十字架の勝利の完全な遂行において、神は、混沌や死などの悪の諸力がご自分の良い世界への侵入者にすぎないことを実証し、それらが不当にも自分たちのものとしていた権力を転覆させ、それら悪の力に対する最終的な勝利を勝ち取られるであろう。私はこのようにデズモンド・ツツの書の題名『赦しなしには未来はない』を取り上げて、これがきっと人間の共同体にとって、互いへの憎しみと差別の行き詰まりを超えて前進しようとするときに当てはまる真理であるのみならず、宇宙的な意味でも真理であり、神ご自身にとっても真理であろうと、言いたいのだ。そして、もしそれが正しければ、私たちがこのように生きることを学ぶことは、神が約束してくださった未来を現在に先取りして経験しようと望むのであれば、ますます緊急に必要となる。

　私がすでに触れた箇所（ヨハネの黙示録、ローマの信徒への手紙、コリントの信徒への手紙一）で提示された驚くほど素晴らしい未来の展望は、ノリッジのジュリアンの詩や、彼女の言葉を引用しているT・S・エリオットの詩の中で非常によく知られた大胆な言葉「すべては良くなり、あらゆるものごとは良くなるでしょう」に取り上げられているが、このような展望が意味を成すのは、赦しによってだけである。文脈から外れれば、この希望の言葉は問題解決を垣間見ることどころか、問題の一部になり得る。気楽な自由主義的、あるいは進歩主義的楽天主義の中に置かれれば、これは、肩をすくめて「どうせ、なんとかうまくいくだろうから、あまり心配する必要はない」という言い方の一つになる。ジュリアンは、実際の世界やその痛みや謎に関しては極めて地に足の着いた見方をしていて現実的だった。エリオットがこの素晴らしい言葉を繰り返す「リトル・ギディング」に行き着いたのは、やっと『四つの四重奏曲』の最後で、この『四つの四重奏曲』という詩は非常に多くの疑いや死の表現を含み、しかも実際、『灰の水曜日』や『荒地』を最高傑作に含む彼の詩人としての経歴の終わり近くのものである。

　私たちはその長い経歴の中に、何かミロスラフ・ヴォルフの『排斥と抱擁』のリズムを垣間見ることができる。エリオットは、まず、周りの至るところに自分が目にした悪を拒絶したうえで初めて、楽観主義ではない希望を語ることができるようになったようである。しかし、一九六〇年代、七〇年代、八〇年代に育った私たちは、あまりにも安易に、「排斥」のことなどで悩むことなしに、一気に「抱擁」を求めることを学んでしまった。けれども、そのようなことはできないのである。ヴォルフの書は、エリオットが「リトル・ギディング」の前の部分でいう火と水とによる死を経ることなしにも「すべては良くなる」と言いうると考えた、かつての無気力で気楽な自由神学の最終的な崩壊を画している。このジレンマの背後にある神学的問いは、簡潔に、こう言い表せる——今までに起こったすべてのことや今も起こり続けていること（神よ、私たちを助けたまえ）を考えると、神がすべては真に良く、あらゆるものは本当に良いという状況をもたらすことがどうして可能なのか、まして、どうして正しいのか。

これが、ヨハネの黙示録の著者がその四章と五章の壮大な玉座の部屋の場面で直面した問題である。四つの生き物は「聖なるかな、聖なるかな、聖なるかな」と歌っており、長老たちは自分たちの冠を玉座の前に投げ出す。しかし、玉座に座っている者は、表にも裏にも字が書いてある巻物を持っていて、その巻物には七つの封印がしてあり、それを開き封印を破るのにふさわしい人は誰も見つからない。世界を正し、創造の事業すべてを完成させるための神の目的を明かす道は、閉ざされているように見える。なぜなら、神は世界を、人間の管理人によって世話されるように造っているのに、いかなる人間も神の計画を前進させていくことができないからだ。これが、ヨハネの黙示録の、悪の問題の表現である——神には世界のための計画がある。しかし、神の似姿である人間の管理によって機能していくように造られている被造世界そのものを神が破壊してしまわない限り、神の計画は成就することはなさそうである。そして、ヨハネの黙示録の答えは、こうである――小羊は、すでに悪の力を征服し、打ち負かしており、今や小羊はすべての国民を贖った。それは、彼らに、神に仕え地上を統治させるためである（ヨハネの黙示録五・九―一〇）。

このテーマは、新約聖書では非常に頻繁に見られ、キリスト教神学では非常に広く無視されてきたが、問題の解決の一部である。これは決して、十字架が勝利を勝ち取ったので、もう何もすることはない、ということではない。むしろ、十字架が勝利を勝ち取ったので、その結果、今、人間は、常に自分たちの創造主を礼拝しつつ、神の賢明な手足として、神の執事として働くことができるようになっており、そのように働いた結果、神の似姿を神の被造世界に反映させ、神の賢明な癒しの秩序を世界にもたらし、神の正義と慈悲の支配のもとで世界を正すことができるように備えられている。真に聖書学的な教会論は、教会が救われた人々の共同体であるということばかりを強調するよりも、むしろ、教会は十字架によって贖われ、今では神に仕え、地上を支配する神の王国の民かつ祭司となるべき人々の共同体であるということを強調すべきである。私たちには、一方では、勝利主義に陥ることを恐れ、また他方では、私たちの最終的な運命を単に「天国に行くこと」に単純化してしまう傾向があり、その両方が合わさって、この中心的な聖書のテーマが見失われている。しかし私たちは、このテーマをしかるべき場所に戻すまで、新約聖書が悪の問題に、究極的にどのように答えを差し出しているかは分からないだろう。

そうして、神は、世界を正すであろう。そして、そのやり方は、原初からの創造の意図と計画と一貫しているであろう。そして今や明らかなことに、人々を自分のもとに贖い戻し、世界に対して権威のある位置につけるための、イエスにおける神の行為は、いわば神の嫌疑を晴らすと言える。神が十字架上で悪を打ち負かしたので、悪はもう、永遠に神を脅迫し続けることのできる位置にはいない。私がこのテーマに最初に出会ったのは、C・S・ルイスの素晴らしい本『偉大なる離婚』（*The Great Divorce*）〔『天国と地獄の離婚』柳生直行・中村妙子訳、新教出版社、二〇〇六年〕の中だ。この本でルイスは、崇拝するジョージ・マクドナルドを語り手にして、誰にしろ神の愛と憐れみを究極的に拒絶した人が神の新しい世界を人質に取ることはできない理由を説明している。私たちの文化は、ルイスの時代から道徳的な無教養の道をさらに下ってしまっており、私たちが今、道徳的により優れていると認識できる位置は犠牲者や、あるいは、自分が犠牲者だと思っている人たちに占められている。そこで、私たちは本能的に、仲間から置き去りにされた人々や、問題には答えがあるとまだ納得していないように見える人、何としても自分たちのプライドを捨てて福音書が差し出す赦しを受け入れることができない人たちを、気の毒だと思う。万人救済主義の一見立派な言葉は、この根拠に基づいている――一人でも地獄に残されているうちは、贖われた人たちが天国を享受することは正しくない、と私たちは教えられるのである。しかしもちろん、このように、仲間から外れた人への私たちの同情に訴えることによって、私たちはその人を、恵みの勝利に対し永久に拒否権を行使し続けることのできる特別な権力の座につけているわけだ。

そのような人を表す昔の言い方は、「飼い葉桶の中の犬」〔イソップ童話で、飼い葉を食べたくない犬が、牛にも食べさせまいとして飼い葉桶の中に入ってしまう逸話から」、つまり、自分自身がご馳走を楽しめないからといって、他の誰かがそれを楽しむこともさせまいとする人である。悪が一見して持っている権利、つまり、過去や現在の悪が、共同体全体としての記憶に立ちはだかって、この負債、この道徳的債務超過がいまだに支払われていないために、神の新しい世界が完全に良いものであることはあり得ない、とさせるような拒否権のようなものは、一方では悪の力を打ち負かした十字架によって、他方では贖われた人々が執事として仕え、古い創造を一掃するのではなく癒していくことによる新しい世界の創造によって、覆されている。神が悪を十字架の上で打ち負かした結果、赦しが差し出されている。これは、賢明な創造主なる神ご自身がついに義を証しされているということだ（ちなみに、真のキリスト教神学がそれ自体、贖罪的活動であるのはそれだからである。創造主が、そもそもこの世界を造ったことにおいて、そしてまさにこのやり方でその世界を贖ったことにおいてという両方で、いかに輝かしく正しいかを理解し表現しようとする努力は、それ自体、真に人間的な存在の務めの一部である。その務めは、神の執事として、他の人々の頭と心に神の秩序を伝え、それによって人々が真の神を礼拝し、神の絶えざる目的に仕えることを可能にすることだからだ）。

　このように、私たちが真の赦しを誰かほかの人々に差し出すとき、たとえ彼らが赦しを受けることを拒絶しようとも、私たちはもはや、彼らがなした悪に縛られてはいない。そうでなければ、暗黙のうちに、不平を言う者、すねる者、放蕩息子の兄のような者たちが、永遠に、道徳的に有利な位置を占め続けるということになってしまう。先に言ったように、これは悪の起源を説明しはしない。しかし、思うに、これは、神が約束した新しい世界を造るとき、その光景を暗くするような過去の悪の影はもはやなくなるだろうということの理由を理解する助けになると思う。

それはすべて実に良い、とあなたは言う。神は過去になされた悪を赦すかもしれない。しかし、悪はホロコーストにおいてユダヤ人たちに対して、また、殺された人やその家族に対して、レイプの犠牲者に対して、酔った運転手によって皆殺しにされた家族に対して、テロリストの爆弾で殺された人々の親戚に対して、なされた。神は、これらの悪がどうにかして拭い去られて、もはや悪は存在しないように見えるようになると言うぃかなる権利を持つのか。それは単に、悪を本当はそれほど大した問題ではないというように見せる、悪を軽視するもう一つのやり方にすぎないのではないか。それに、本当に傷つけられたのが、神ではなくジョー・スミスであるときに、神はどういう権利があって、加害者を赦すと言えるのか。

ここで私はさらに一つの提案をしたいのだが、この提案はまさに、私が本章でずっと論じてきた赦しの意味に照らして理解する必要がある。神の新しい世界では、神の民はみな、死や病や腐敗などを超越しており、彼らの新しい復活の体は、そのようなことを被ることがなく、同様に、彼らは、道徳的にも、思考的にも、認識力においても、愛情でも、本質的に新たにされる。そして、その刷新において、彼らは、自分たちになされた悪を完全にそして決定的に赦すことができ、その結果、彼らもまた、その悪に影響されたり感染したりすることはない。こう考えることは、二〇世紀に世界中で人々が被った、道徳的にも肉体的にも情緒的にも法外な苦しみを思えば、想像力をかなり飛躍させる必要のあることで、あり得ない夢のように感じられるかもしれない。しかし、これはまさに、復活の約束そのものの成就なのだ——もちろんこれは、腐敗と死の世界だけを研究し、かつて私たちの間に生きて死んで復活した命の主を忘れている人々には信じられないことに見える。肉体的な腐敗や死は、私たちの復活の肉体に対しては何の力も持たないだろう。それと同様に、たえざる悪の存在に脅かされた道徳的腐敗や崩壊は——私たちをさいなみ続ける恨み、和らげることのできない嫉妬や怒りなど、道徳的、霊的に、肉体での腐敗や病に当たるものは——来たる世では私たちの情緒的生にも道徳的生にも何ら力を持たない。私たちは、実際、この世の中で赦しの民になるように求められている。それが未来の私たちの生き方だからであり、このことについては間もなくもっと詳しく述べようと思う。しかし、重要な点は、新しい世界では、神ご自身が未解決の悪の道徳的脅迫の手が届かないところにいることになるということ（そして、これは実際、本書の中心的な要点であり、少なくとも、悪の問題のこの側面に対する究極的な答えであるが）、それだけではなく、私たちもそのようになるだろうということなのである。パウロはローマの信徒への手紙六章一四節で、「罪は、もはや、あなたがたを支配することはない」と言っているが、これは、私たちの現在の道徳的生についてだけではなく、究極的な未来の至福についての約束としても機能しうる。私たちはこのように悪から解放され、このように主の祈りがついに聞かれるだろう。

私はこの方向を指し示すような言葉を、詩編の中でも最も力強く痛切な詩編七三編に見る。詩編作者は最初に、邪悪な者たちに対する不満を述べる。彼らはいつも悪行をしているのに、罰を受けることもない。彼は彼らをうらやむ（三節）。彼らは神をあざけるが、安穏としている（一一―一二節）。彼らは、正しい者たちに、神に仕えても結局むなしいと思わせる（一三―一四節）。けれども、それから彼は神の聖所に入り、その天と地の出会う場所で、異なる物語を見る。究極的には、邪悪な者たちは罰を受けずには済まない。彼らは、実際は滑りやすい場所にいて、一瞬のうちに破滅に出会う（一八―一九節）。彼らは、目覚めた人の夢のようになってしまうであろう（二〇節）。彼らは、もはや私たちを恐れさせる力も、苦々しさや嫉妬や怒りを感じさせる力もまったく持たない記憶にすぎなくなる。詩編二一編や二二編の作者のように、私たちが未来の生から振り返って私たちの現在を見れば、このようになるだろう。私たちはこの世の生では、今でも、苦々しさや怒りや、嫉妬や悪意の餌食であり、キリスト教徒としてそれらとの長引く戦いを続けており、それらが私たちにつきまとっているのを知っている。しかし、天と地が出会い、未来が開示される神の神殿の視点から見れば、私たちには異なる真理が見える。

あなたがわたしの右の手を取ってくださるので
常にわたしは御もとにとどまることができる。
あなたは御計らいに従ってわたしを導き

後には栄光のうちにわたしを取られるであろう。
地上であなたを愛していなければ
天で誰がわたしを助けてくれようか。
わたしの肉もわたしの心も朽ちるであろうが
神はとこしえにわたしの心の岩
わたしに与えられた分（二三―二六節）。

疑いもなく、言うべきことはこれよりもはるかに多いが、これは少なくとも手始めにはなる。聖書に描かれた神の新しい世界は、罪や不正や死などの類のものが一切ない世界だが、世界がただ進歩によって、徐々により良い場所になり、過去に苦しんだ人々の骨の上に彼らの黄金の夢を築けると考える人々のユートピアの夢とは異なる。そのような夢は、聖書のひどいパロディにすぎない。新約聖書は、赦しが神にだけではなく、神のすべての民によっても差し出される世界を約束している。贖われた人々の喜びの一部は、過去に自分たちに対してなされたことすべてを完全にそして最終的に赦すことができることを通して、過去のあらゆる苦しみや不正にもかかわらず、自分たちの生や無上の喜びの上に過去の影が落ちることがなくなるということなのである。この描き方は、イエスが告別説教の時に用いて、現在と未来を対照させた、もう一つのよく知られた聖書のイメージと同種である。

女は子供を産むとき、苦しむものだ。自分の時が来たからである。しかし、子供が生まれると、一人の人間が世に生まれ出た喜びのために、もはやその苦痛を思い出さない。ところで、今はあなたがたも、悲しんでいる。しかし、わたしは再びあなたがたと会い、あなたがたは心から喜ぶことになる。その喜びをあなたがたから奪い去る者はいない（ヨハネによる福音書一六・二一―二二）。

そして、その喜びの一部は、肉体的な痛みだけではなく、私たちが赦されたように私たちも完全にまた決定的に赦すことができるとき、未解決の怒りや苦々しさの心痛も一掃されることなのではないか、と私は言いたいのだ。

私は、自分がこのように言うことで、自分を無神論者や不可知論者や、実際多くのキリスト教徒からのいつもの批判にさらすであろうということをよく知っている。つまり、私が、すべてのものは未来にすべて正されるので、今の世界はあまり重要ではない、と言っているとの批判である。私はいろいろな箇所で、すでにこの批判に反論を書いて、神の新しい世界や肉体の復活の約束はまさに、この世界の良さを再度肯定するものであり、この世を考慮の対象から除外することを呼びかけるのではないことを示してきた。そして、復活が真に主張されているところでは、それは、今の世界への関心を失わせることにつながるのではなく、むしろ未来の世界の生は、できる限り広く、この世界に影響を及ぼし始めなければならないという決意につながるということも示してきた。私の現在の提案は、実際、同じように働く。「そうか、それならまあ、いいか」と言って、あらゆる形の悪に関する私たちの現在の関心を薄くすることとは程遠く、この、神の究極の未来の展望は、赦しやそれが関わる悪の敗北の意味を見出す努力を今の世界でも倍加することにつながるべきなのだ。そして、そのことから私たちが本章の後半に入るのは、もはや早すぎることではない。

現在の赦し

私はここまで、確かにいくぶん簡潔な形で、悪の問題に対する究極的な答えは、神が新しい天と新しい地の新しい世界を創造し、そこでは贖われた新しい人間が支配し、その世界に神の賢明な癒しの秩序をもたらすだろうということにあると論じてきた。私は、現在の世界に悪が存在し続け、力を持ち続けている事実が、新しい世界を脅迫してその創造を差し止めさせるようなことはできないと論じた。なぜなら、イエスの復活と有機的に結びついた赦しの力は、まさに、神と神の民の両方が他の人々の悪の必然的結果を避けることを可能にしてくれる力だからである。

しかし、それでも、すべての人間が悔い改めて神の新しい世界の喜びを分かち持つようになるということは、そうなれば確かに素晴らしいことではあろうが、必ずしも必要ではない。実際、新約聖書を通して私たちが常に警告されていることは、私たちがこの世の人生でなす選択は、特に私たちがどのような種類の人間になろうとするかということについての選択の場合、真に重要で永続する結果を持ち、神ご自身もそれを尊重するということである。しかし、私たちはふてくされて神の宴会が私たち抜きで進んでゆくのを妨げることを選ぶという選択肢は与えられていない。私たちは、〔ルカによる福音書の放蕩息子の譬えに出てくる兄のように〕宴会に参加しない権利はある。神はやってきて私たちを説得する権利がある。しかし、肥えた牛は私たちが加わろうと加わるまいと、食卓に載せられ、楽しまれる。神のパーティへの招待を神の条件通りに受け入れる人が実際、悪からの解放の祝宴を祝うだろう。

私は今、キリスト教徒の現在の務めの一部は、この終末論を先取りし、現在のものごとのあり方を変えるために神の未来から借りてきて、現在に悪の拘束を解き放つやり方を学ぶことによって私たちが究極的に悪から解放されることの味わいを楽しむことだろうと示唆したい。イエスは、彼の特別な祈りの中でも最も並外れた一節でこう祈るように教えられた。「わたしたちの罪を赦してください、わたしたちも自分に負い目のある人を皆赦しますから」〔ルカによる福音書一一・四。並行箇所のマタイによる福音書六・一二では、「わたしたちの負い目を赦してください、わたしたちも自分に負い目のある人を赦しましたように」〕。ある恐ろしい譬えでイエスは、私たちは自分が赦さなければ、自分も赦されないと警告している。マタイによる福音書一八章で、ある僕は巨額の負債を免除してもらった後で、自分が仲間の僕に貸したほんのわずかの負債の返済滞りを赦さなかった。そして、この僕は、最初の免除を取り消されてしまうのである。これはもちろん、厳しく聞こえ、この点については間もなくまた考える。しかし最初に、赦しの提案に対して常時なされるさらなる批判が起こることを避けるために、一言だけ言っておきたい。私の考えはここでも、『排斥と抱擁』のミロスラフ・ヴォルフと同じ方向にある。

問題点は、「赦し」の意味を現在の三つの状況で考えてみれば、すぐに分かる。私たちの多くは、何年間も、世界の貧しい地域における返済不可能な巨額の負債の免除、つまり赦しを求めて長年運動をしてきた。政治家や銀行家などから私たちがいつも受ける答えの一つは、借金の返済は単に免除するわけにはいかない、ということだ。そのようなことをすれば、彼らの知っている世界が機能不全に陥ってしまうからだ。人々は、自分が借りたものは返さなくてはならないことを学ばねばならない、と彼らは言う。確かにその通りかもしれないが、そうでない場合もある。世俗の人道主義の観点からは、そして、単なる利己的観点からも、負債の免除はしばしば理にかなっている。たとえば、債務者がそれによって世界の他の人々とのより成熟した協力関係に入れる場合などである。銀行家の主張の要点は、基本的に、返済免除は借金の意味の重要さをいい加減なものにしてしまうということだ。

同じことが、北アイルランドや中東の人々に、彼らが共同体として前進する道は赦すことだ、と言ってみれば分かる。そのような提案にはいつも、抗議の叫びがあがる。有名なことだが、北アイルランドのある男の人が、自分の娘を爆弾で殺した人たちを赦すと宣言したとき、キリスト教徒を含む多くの人々が彼を、頭がおかしくなったと批判した。中東では、争いの双方が、赦しを義務や、ましてや美徳とは考えず、むしろ一種の道徳的脆弱さだと見る宗教を信じている——そして、私が言うこの「道徳的脆弱さ」とは、単に道徳的な法を守れないことだけではなく、暗黙のうちの道徳律が欠損しているという意味なのだ。ニーチェなら賛成しただろう。赦しは意気地なしのためのものだ。彼らにとっての主な道徳的規範は正義である。不正行為には仕返しが必要である。彼らは、人々を赦すということは、正義を弱めることを意味すると言うだろう。そして、彼らが正義と言うのは、相手がなした非道な行為のために当事者が負っていると両者が信じている償いと罰を完全に果たすことである。彼らが赦しを欲していないとか、赦すのが困難だというだけではない。彼らは熱烈に、赦すことが非道徳的で完全に誤っていると信じているのである。なされた悪を軽視することになるからだ。しかしこのことは決して、ヴォルフやその他の人々の提案に対する反論ではない。ヴォルフたちにとって、なされた悪を認識することは、赦しへの第一歩であり、赦しに代わることではない。

第三に、同種の行き詰まりが、永年のとげのある問題、刑事司法の問題についての議論にも見られる。先に見たように、この問題に対する社会の感情はここ数十年の間、大きく揺れてきた。犯罪人は悪であり、監禁されるべきだ（あるいは、さらに悪い扱いを受けるべきだ）。犯罪人は「制度」の犠牲者であり、憐れまれるべきだ。犯罪人は病気であり、治療されるべきだ。そして、また最初に戻る——犯罪の犠牲者こそ本当の犠牲者であり、私たちは、彼らのことを大事に考えて犯罪人が必要とすること（あるいは彼らの権利）は無視するべきだ。いくつかの西洋諸国は、さまざまなタイプの修復的司法を試行している。特に、（比較的「原始的」民族にいまだに見られる、より古い知恵から借りた考えである！）加害者と犠牲者の両方の家族や友人たちが集まって、起こったことを話し合い、今何をすべきかを見出そうとする、などである。しかし、これらの努力は大規模には採用されなかった。その理由は、明らかに、大きく安易な見出しを求めるマスコミやそのような見出しをマスコミに提供したがっている政治家たちにとってあまり魅力がなかったからである。今日、私たちが前進する道を見つけたと考えている人々はほとんどいない。

これは、「悪の問題」の多くの鋭い刃の一つだ。悪は単に哲学者の謎であるだけではなく、私たちの町を闊歩し人々の生活を害する現実になっている。その解決の探求は、そもそもなぜ悪が存在するのかという問いに知的満足のゆく答えを見出そうとする探求ではなく、いつの日か被造世界すべてを満たす創造主なる神の癒しと修復の正義が、その究極的リアリティに先んじて、この時間と空間と物質と、人間の人生や社会の混沌とした現実世界の中で実らせられる方法を見出そうとする探求になる。この難題に向かって、哲学や神学的問題としての悪に関する苦悶の多くは、牛乳をこぼしたときに、それを掃除する代わりにこぼした牛乳のことを嘆いているような、置き換え行動にすぎないことが見えてくる。

それでは何がなされうるだろうか。実際、頑なになった犯罪人もいくらかはいるだろうし、そのうちの何人かは病的にこの世で人間らしく生きることができず、決して更生されることがなく、他のすべての人たちのためにもまた、罰のためにも、その人生の大部分監禁される必要がある、と考える私たちの多くは、何らかの形の刑法に賛成するだろう。しかし、西欧社会で少しでも牢獄の生活に関わりの深い人々は、少なくとも、私たちがそのような人たちとともに、取るに足りない犯罪や自分には責任がない些細な法律違反をつい犯してしまった人々をも投獄していることを知っている。そのような人々は、もし他の形の罰が見つかりさえすれば（たとえば共同体での強制的な奉仕、特に強度の窮乏地域での奉仕など）そのような人生を免れて、過去を捨て去って社会の責任ある創造的な一員として生きることができるかもしれない。しかし、私たちがそのようなことをしようとするたびに、いつも、私たちが犯罪そのものに対して軟弱になっていて悪を真剣に受け止めていないと非難する人々にこと欠かない。議論は、なじみの響きを帯び始める。私たちが第一章で見たように、私たちは、悪が真には問題ではないと考える人々と、悪に気づくたびに猛烈に攻撃したがる人々との間を揺れる運命のようである。

この三つの例――世界的経済、国際的な民族間の緊張、刑事司法――は、赦しの問題という、私たちが皆はるかに個人的で身近なレベルで出会う問題に対して、リトマス試験紙として機能する。誰かが何か私たちに危害を加えたとき、私たちはどのように反応するだろうか。すぐに、赦しなさいとの命令に従って応じる人もいるだろう。そして彼らのことはイエスが、彼の並外れて厳格なマタイによる福音書一八章の言葉などにおいて、支持するだろう。しかし、誰かがこの赦しの務めを私たちに強く求めるとき、別の人がすぐに、「しかしそれでは君は彼らが罪を償わずにうまく逃げることを許すことになる」とか、「しかし、それは君が悪をまじめに受け止めていないということだ」と言うだろう。これこそ、ヴォルフが彼の本の中で強調し取り組んだ問題である。

私たちがどうしても理解しなくてはならない点は、赦しは容認とは異なる、ということである。私たちが今日再三言われていることは、私たちは「包括的に」、すなわち非排他的に、ならなければならないということだ――イエスはあらゆる種類の人々をありのままに受け入れた、教会は赦しを信じ、それゆえ、私たちは離婚した人々を問い直すことなく再び結婚させねばならない、私たちは不正を働いたために解雇された従業員を復職させなければならない、私たちは性的幼児虐待の判決を受けた人々を子どもの関係の仕事に戻さねばならない……実際は、この最後のことを言う人は通常いないので、私たちにはまだ常識の名残が残っているということだろう。しかし、赦しは寛容と同じではない。包括主義と同じではない。個人的にも倫理的にも、無関心と同じでもない。赦しは、私たちが結局悪を真剣に受け止めていないということではない。むしろ、私たちが悪を真剣に受け止めていることを意味する。実際、私たちが悪を二重に真剣に受け止めていることを意味するのである。第一に、赦しは、悪を悪と呼び、その面目をつぶす確固とした決意を意味する。それなしには、結局何も赦すべき対象はない。それに続いて、赦しは、私たちが同じくらい確固として、悪に対処した後、加害者との適切な関係が取り戻せるように私たちの力の及ぶ限りあらゆることをする決意をしていることを意味する。最後に、それは、その時に私たちがどのような種類の人間になるかを悪に決定させることを、決して許すまいとの私たちの決心を意味しうる。赦しとはそのようなことなのである。それは、困難《タフ》なことである。行うことも、受けることも、困難である――しかし、それがいったん起これば、強く、単にほとんど抵抗しない方向でいるだけの無気力な寛容とは異なり、頑強《タフ》である。

この点をさらにもう少し進めて考えたい。赦しは、「本当は気にしていなかった」とか「本当はたいして問題ではなかった」という意味ではない。私は実際気にしていたし、実際に問題だったのだ。そうでなければ、そもそも赦すべきことなど何もなく、単に私の態度を順応させればよいだけのことになってしまうだろう（今日ではよく、人々はかつて自分が誤っていると考えていたものごとに順応する必要がある、というようなことが言われているのを耳にする。もし、私が誰かに対して誤った態度をとっており、もし私が自分の態度を調整する必要があるのなら、それは彼らを赦すことではなく、彼らは赦しを必要としないということである。むしろ、しいて言えば、赦しが必要なのは私たちの側で、私たちの以前の態度が誤っていたことに対して赦しが必要だということである）。また、赦しは、「本当は何も起こらなかったふりをしよう」と言うことでもない。これは、もう少し厄介な問題である。なぜなら、赦しの要点の一部は、私が、あたかもことが起こらなかったかのようにふるまえる点まで自分を持っていけることにあるからだ。しかし、ことは起こったのであり、赦し自体は、それが起こらなかったふりをすることではない。赦しは、ことが起こったという事実を直視して、それを意識的に脇に置いて、相手との間の障壁にしないようにする選択、道徳的意志の決断をすることなのだ。つまり、赦しは、起こったことは実際に悪であり、単に意味のないこととして脇に置いておくことはできないということを前提としている。起こったことが大したことではないようなふりをすることは、怒りを抑圧して偽ることであり、互いを信じられなくなった相手との距離をますます広げることになる。それよりも、実際に新約聖書が私たちにそうするように命じるように、率直に話し合いの場に出し、解決の取り組みをする方がずっとよい。

これらのことはすべて、あの、最も難解な一章である、マタイによる福音書一八章を考えさせる。ここでイエスは、隣人を訴える際のユダヤの律法を取り上げ、彼自身の弟子たちにも当てはまるようにそれを発展させている。私たちは、一五―二〇節と二一―二二節を並べて見る必要がある。おそらく片方だけしか見ない人々が多すぎるのではないかと、私は思うのだ。

兄弟があなたに対して罪を犯したなら、行って二人だけのところで忠告しなさい。言うことを聞き入れたら、兄弟を得たことになる。聞き入れなければ、ほかに一人か二人、一緒に連れて行きなさい。すべてのことが、二人または三人の証人の口によって確定されるようになるためである。それでも聞き入れなければ、教会に申し出なさい。教会の言うことも聞き入れないなら、その人を異邦人か徴税人と同様に見なしなさい。はっきり言っておく。あなたがたが地上でつなぐことは、天上でもつながれ、あなたがたが地上で解くことは、天上でも解かれる。また、はっきり言っておくが、どんな願い事であれ、あなたがたのうち二人が地上で心を一つにして求めるなら、わたしの天の父はそれをかなえてくださる。二人または三人がわたしの名によって集まるところには、わたしもその中にいるのである（マタイによる福音書一八・一五―二〇）。

マタイによる福音書一八章一五―二〇節は、赦しの命令が意味しないことは何かを非常に明らかにしている。赦しの命令は、罪を犯した人々が罰を受けずに逃れるのを放っておけとは言っていない。ここでもまた、ヴォルフの「排斥」がある。もし誰かが何か悪いことをしたら、たとえ個人的なレベルであっても、なすべき正しいことは、それについて陰口をたたくことではなく、他人に言うことでもなく、恨みがつのり心にわだかまるままにするのでもなく、もちろん、復讐を計画し始めることでもない。するべき正しいことは、行って彼らに率直に話すことである。あいにく、私の経験では、最もこのようにするのに適している人々ほど、自分は不適任だと言いたがる。おそらく、唯一の真の資格は、あなたが心の底で、むしろ自分はそのようなことをしなくてもよいことを望んでおり、そもそも最初に行って扉をたたくのに神の恵みと勇気を求めて祈らなくてはならない、と知っているかによる。もし相手があなたの言葉に耳を傾けることを拒絶するなら、もし彼らが問題を直視しようとしないなら、あなたはもう一人のキリスト教徒を連れていかなければならない。そして、そのとき、もしあなたがそれでも拒絶されるなら、あなたは神の民の集まり〔教会〕に言わなければならない。これは非常に重大で、私は、私たちのほとんどはこれに取り組み始めてさえいないと思う。もし地元の教会生活の中心部で経済的不正行為や性的不祥事があれば、もちろん取り組みを始めなければならないだろう――しかし、その場合でさえも、人々はときに、できる限りそっぽを向いて問題が自然に消滅することを望む。たしかに、大方において、私たちはこのような問題については厳しくなっている。ただ、(情けないことに、)それは教会内から自発的に起こることではなく、しばしば外部からの圧力によるのである。しかし、イエスが主張していることは、私たちは互いへの恨みや怒りは早く解決しなければならないということである。もし何か互いの間に未解決の問題があれば、夜も家族として床をともにしない覚悟さえ必要だということである。パウロがエフェソの信徒への手紙四章二六節で助言しているように、私たちは、日が暮れるまで怒り続けていてはいけないのだ。それは難しいことだ。しかし、私たちが怒りを感じているときに、自分にとっても、また誰かその怒りが向けられている相手にとっても、それは非常に深刻なことなので、賢明な癒しが必要となるのだ。

しかし、つらいことと分かっていても互いの目を見て真実を語ることを求める高い要求は、同じくらい高い、絶えざる赦しの要求と釣り合いをとっている。イエスが求めたことの象徴的深さに気づいてほしい。「兄弟がわたしに対して罪を犯したなら、何回赦すべきでしょうか。七回までですか」とペトロが聞いたとき、イエスは、「七回どころか七の七〇倍までも赦しなさい」と言う(マタイによる福音書一八・二一―二二)。聖書を知っていた一世紀のユダヤ人の誰にでも、この言葉の響きは明らかである。ダニエル書九章で、ダニエルは、バビロン捕囚がどのくらい長く続くかを天使に尋ねる。エレミヤが預言したように七〇年続くのではないか（九・二）。天使は答える。「いや、七〇年ではない。七〇年の七倍だ」と（九・二四）。それだけの期間がかかるのだ。しかし、バビロン捕囚はイスラエルの罪の結果であった。神は自分の民の捕囚の状態に対処しなければならないだけではなく、彼ら自身の邪悪さの根源的原因にも対処しなければならない。イエスが言っていることは、新しい時代、つまり、赦しの時代がここに来ており、彼の民はそれを体現しなければならない、ということである。

そしてさらにこの背後には、レビ記の、ヨベルの年の戒めがある。七の七倍の年に、負債は免除されなければならない。これが古代イスラエルの時代にどれだけ完全に守られていたかは明らかではない。しかし、これは明らかな、そして私たちにとっては非常に反文化的な、神の民の社会的、経済的生活の、神が命じた境界標をなしている。これは、教会が長年、朗らかに無視してきた戒めの一つだ。しかしそうした教会も、今、今日の世界の途方もない経済的不平等を考えてやっと、これを再発見しつつある。

すべてこのことは主ご自身の祈りの中で命じられた祈りの背後にある。「わたしたちの罪を赦してください、わたしたちも自分に負い目のある人を皆赦しますから」。イエスが絶えず宣べ伝えているのは、新しい契約がイエス自身の働きのうちに開始されており、彼の弟子たちは捕囚からの帰還の民のように、そしてそれゆえに罪の赦しの民として生きなければならないと宣言している。赦しの戒めは決して単に理想の高い道徳家が試みる比較的困難な新しい倫理の一つではない。これはイエスが自分の活動によって開始し、自分の死と復活で決定的に確かにするであろう状況から直接出てくるものなのだ。

イエスは、「この杯は、あなた方と多くの人のために、罪の赦しのために流される私の血による契約である」と言われた（マタイによる福音書二六・二六、コリントの信徒への手紙一、一一・二五参照）。贖罪は、神の赦しを求める人の願いをかなえる単なる抽象的な取引ではない。贖罪は、悪が打ち負かされ神の新しい時代が始まることを可能にした驚くべき圧倒的な行いの成就であったし、今もそうあり続けている。そして、イエスに従うことを公言している私たちは、赦しの規則通りに生きていなければ、その言葉通りに生きているとは言えないのだ――そして、その赦しとは、私が先に論じた安っぽい赦しの真似事ではなく、真剣な赦しでなければならない。そのようにして初めて、私たちは、悪の問題に対するキリスト教のしかるべき答えを生き抜いていくことができる。その答えは理論ではなく、一つの生き方であり、その生き方は、悪がついにすっかり廃絶される来たるべき世で正しさが証しされ、実証されるだろう。

このことのすべてを踏まえるならば、私たちは、マタイによる福音書一八章を読んで、その最後にある非常に難解な譬えをいくらか理解できるようになるだろう。

そこで、天の国は次のようにたとえられる。ある王が、家来たちに貸した金の決済をしようとした。決済し始めたところ、一万タラントン借金している家来が、王の前に連れて来られた。しかし、返済できなかったので、主君はこの家来に、自分も妻も子も、また持ち物も全部売って返済するように命じた。家来はひれ伏し、『どうか待ってください。きっと全部お返しします』としきりに願った。その家来の主君は憐れに思って、彼を赦し、その借金を帳消しにしてやった。ところが、この家来は外に出て、自分に一〇〇デナリオンの借金をしている仲間に出会うと、捕まえて首を絞め、『借金を返せ』と言った。仲間はひれ伏して、『どうか待ってくれ。返すから』としきりに頼んだ。しかし、承知せず、その仲間を引っぱって行き、借金を返すまでと牢に入れた。仲間たちは、事の次第を見て非常に心を痛め、主君の前に出て事件を残らず告げた。そこで、主君はその家来を呼びつけて言った。『不届きな家来だ。お前が頼んだから、借金を全部帳消しにしてやったのだ。わたしがお前を憐れんでやったように、お前も自分の仲間を憐れんでやるべきではなかったか』。そして、主君は怒って、借金をすっかり返済するまでと、家来を牢役人に引き渡した。あなたがたの一人一人が、心から兄弟を赦さないなら、わたしの天の父もあなたがたに同じようになさるであろう」（マタイによる福音書一八・二三―三五）。

私は、善良なキリスト教徒の人たちが、この譬えを大きな声で朗読するのはやめた方がよいのではないかと言うのを聞いたことがある。あるいは、もし朗読するなら、最後の行を笑い飛ばしてしまうのがよいだろう、なぜなら、この箇所――「あなたがたが、心から兄弟を赦さないなら、あなた方の天の父もあなたがた一人一人に同じようになさるであろう」――は明らかに、後世の編集による付加であり、それも、イエス自身が言ったに違いない、つまり彼が意味したに違いないことをかなりひどく曲解している編集的付加だからだ、と彼らは言う。本当に、キリスト教の神は、そのような方なのだろうか。神は、すでに人々を赦しているのに、結局彼らを罰する決断などなさることができるのだろうか。

しかしこの異議は、人間の内面の赦しの論理が実際にどのように働くかに気づいていない。イエスは決して、一種の恣意的で抽象的な戒めを試金石として与えて、もしそれを守ることができなかったら神はあなたを赦さないだろうと言っているのではない。彼は決して、道徳のハードルを越えられないほど高く設定して、私たちがそれを何とか超えることができないならば、神は永遠に怒っているだろうと警告しているわけではない。彼は、道徳的な宇宙と人間性についての事実に注意を促しているのだ。彼は、事実上、私たちが赦しを受け取るための機能と、私たちが赦しを与えるための機能は、同一のものだと私たちに教えている。もし私たちがその片方を受け入れられるのならば、もう片方も受け入れられるだろう。もし私たちがその片方に対して扉を閉ざすのならば、私たちはもう片方に対しても扉を閉ざすことになる。神は恣意的にやっているわけではない。もし、あなたがあらゆる小さなものごとについて隣人を咎めるような人で、一つずつの事柄がすべて処理されるまで（おそらく、あなたが仕返しをすることによって）彼らがあなたの怒りを受け続けているのであれば、あなたもまた、神の寛大な赦しを受けるように心を開くことができないような人間なのだ。実際、あなたは、そもそも神の赦しが必要だということさえ認めないだろう。

ここで私は、先に私が言った、赦しについての重要な点に戻ろう。つまり、赦しは、赦された人だけではなく、赦す人をも解放するということだ。おそらく私たちは誰でも、この例を思いつくことができるだろう。もしあなたにつま先を踏まれて私があなたを赦したら、私はあなたを何にしろ罪の意識の重荷から解放するだろう。明日私たちが会った時、私がまだあなたに腹を立てているかもしれないとか、この後あなたに対する私の態度が変わるかもしれないとか、私が仕返しをしようとするかもしれないといった意識から解放するだろう。しかし、私はまた、不機嫌に床に就いて、どのように仕返しをしようかと考えながら寝返りを打ち続けなければならないことから、自分自身を解放する。そして、つま先を踏まれることから、もっと程度を上げて、はるかにより重大な危害になれば、赦しによって私はあなたを、私の怒りやその結果の脅威から解放するだけではなく、私自信がこれからの人生をすっかり怒りや苦々しさや恨みに取りつかれて生きることを避けることになる。そして、これをさらに肯定的に言うならば、赦しは、私たちの両方ともを解放し、楽しく、相手を尊重し合う関係を続ける自由を与えてくれるのだ。

もちろん、このようなことはすべて単にわがままに聞こえるかもしれない。あなたはこれを、私があなたを赦すときにやっていることは、実際には私の情緒的生活をもう少し快適にするだけのことなのだ、と読むことだってできる。けれども、そこが落とし穴なのだ。もし私たちが誰か他人をただ私たち自身の感情的な貸しを清算するためだけに赦そうとしても、それはうまくいかないだろう。あなたが差し出したのが、真の赦しから二次的に派生したものにすぎないように、あなたが受けるのも、派生的な個人的なものにすぎないだろう。そうでなければ、あなたは単に自己中心的な感情ゲームをやっているにすぎず、あなたの望んだこととは逆の結果となるだろう。もしあなたが誰かを愛するのが、単にお返しに愛してほしいためだけであれば、あなたが差し出しているのは愛ではなく、あなたが返してもらうのも愛ではないだろう。もしあなたがそのままどんどん行けば、遅かれ早かれ、あなたの状況はそもそもそれを試してみなかった場合よりも悪くなるだろう。

それゆえ、互いに赦し合いなさいとの命令は、私たちが未来に約束されていること、つまり、神の新しい世界ではすべてが良くなり、あらゆるものは良くなるだろうとの約束の実現を現在に持ち込むことを命じるものなのだ。人々が赦しを拒絶することはいまだに可能だろう――赦しを与えることも、受けることも――しかし、彼らはもはや、そうすることによって神や神の未来の世界を人質に取って、自分たち自身の不機嫌を主軸に据えて道徳的宇宙を自由に動かす権利も機会も持たないだろう。神の未来の世界の諸要素を今の世界に持ち込もうとするあらゆる試みと同様に、唯一の道は、適切な霊的な鍛錬を通しての道なのだ。赦しは「ただ起こる」ことはない。私たちの誰も、いわば「本性上」することではない。私たちは赦しはどのようにすればよいか、学ばねばならない。そして、これは、教会がこの教訓を教えてこなかったために、なおさら難しいのだ。ここにおいて、私たちは、聖書が語るすでに開始された終末、つまり将来の光に照らして今を生きることを、自分が通常しているよりもよく理解する必要がある。このことを理解することは、最初は難しいだろうが、努力しているうちにだんだん容易になっていく。これによって生きることは、同じように、ひたむきな努力を必要とする。祈りや、思考や、自分自身の頭や心の状態への道徳的注意、そして、「自然に起こること」がこれと何か非常に異なる場合に、この大切な考え方やふるまい方をする道徳的な努力などである。

確かな赦しを多面的に差し出すことは、私たちが地球規模の帝国や国際的な負債の問題を考えるとき、また、刑事司法や罰の問題、戦争や国際紛争の問題を考えるとき、究極的な目的にしなければならないことである。これらの領域のそれぞれにおいて、悪を悪と名指しし、抵抗することが課題であり、また同時に、悪の緩和や、和解、賠償、修復などに向けての働きも課題である。私の希望は、問題をこの光に照らして見始めた人々が、この問題をさらによく考え、キリスト教の福音のこの中心的で極めて重要な要素が大声を上げ、私たちの個人的な生活や教会内の付き合いにおいてだけではなく、国内と地球規模のレベルの両方での私たちの公共的政治的生活においても実践される多くの方法に気づくことである。

ここでもう一つ言っておかなければならないことがある。主の祈りの最後の、私たちが悪から救い出されるようにとの祈りを、私たちはどのように自分自身に当てはめればよいのだろうか。私は、神はイエスの死を通して私を赦してくれていると信じるかもしれない。私は、私の友人をどのように赦せばよいかを学び始めるかもしれない。けれども、私は自分自身を赦せるだろうか。これはとても難しい問題だ。

イエスは（旧約聖書の言葉を繰り返して）、自分自身を愛するように隣人を愛しなさい、と私たちに教えた。ここで最初に指摘しておきたいが、基本的に彼は、感情のことを言っていたのではない。ユダヤ教やキリスト教の思想ではしばしばそうだが、「愛」とは第一に何よりも、私たちがなすことであり、私たちが感じるものではない。感情はしばしば行為に続くがその逆（現代人にはそう考える人もいるが）ではない。「自分自身を愛する」ことは、イエスの教えでは、現代のセラピーで「自分をよしと感じる」ということで意味することとは異なる。「自分をよしと感じる」ことは含まれるかもしれないが含まれないかもしれない。「愛する」とは、第一に何よりも、誰かのことを考え、その人たちのことを大切にし、その人たちにとって必要なことを前もって考えて、それに従ってあなた自身の人生について注意深く考え賢明に計画を立てることを意味する。

キリスト教の道徳家はしばしば、私たちは互いに愛し合うことを求められたとき、自分たち自身を除外して考え、自分自身はもはや重要ではないと思い描いて否定的な自己イメージを育てていきがちであるということに注意を促してきた。彼らは、正しくも、隣人を自分たちのように愛するためには、私たちは自分自身を愛さなくてはならないということを指摘してきた。そうして、その基準が分かるようになっていなければならないというのだ！　この点はよく知られており、賛成されてきた。しかし同じことがおそらくより微妙な形で、赦しの問題にも当てはまる。

牧会的な経験のある人は、誰か、「ええ、私は神様が私を赦してくださっているのは知っています。でも、私は自分が赦せないのです」と言う人に会ったことがあるだろう。私たちは、彼らが言っている意味を理解できる。

けれども、「われらを悪より救い出したまえ」という祈りは、まさにここで、人間の心や創造力や感情に真に訴える――そして、そう言いたければ、人間の魂に訴える、と言ってもよいだろう。魂とは、私が他の箇所で言ったように、「神の前での私とは誰か」ということを言う一つの表現だからだ。少し前で言ったように、他の人々を赦すには霊的な鍛錬がいる。そして自分自身を赦すには、それと異なる、ただし、関連のある霊的鍛錬がいる。私自身の心に、神が私に喜んで寛大にも差し出してくれている赦しや、もし私が幸運なら、私の隣人が私に差し出してくれている赦しも、繰り返す鍛錬だ。ここでもまた（私たちがしているのは、神の究極的な未来の縮図のようなものであり、この未来では、私たちは、イエスと聖霊の働きのために自分自身が完全に愛され、受け入れられているのを知るだろう）自分自身を吟味して自分がそれほど悪くはないと分かったからではなく、神の愛を見つめ、何もその愛と私の間を邪魔できるものはないと分かったところから、自分に価値があるという意識が生まれる。神の無償の恵みと愛をこのように驚きと感謝で受け入れることは、いくつかの伝統がパウロの「信仰による義」についての言葉を繰り返す時に意味してきたことである。

これは、心理的、情緒的、霊的健康にとって肝心なことだ。神の赦しを受け入れる鍛錬の一部、福音に応えて赦しを受け取る自分たちの機能を訓練することの一部は、私たちがまさにその内的機能をできる限り広く開き、そうして、自分自身を受容する秘訣を学ぶだけではなく――つまり、自分をありのままに認識し、その自分を受け入れるだけでなく――自分を赦す秘訣も学ぶこと――これは受容とは別のことだ――なのだ。自分を赦すということは、自分が実際罪深い、痛ましく有害なことを他人に対し、自分に対し、そして、自分をその似姿に造られた神に対しても行っていたということを認め、神が私を赦してくれたので、私も、神の指示に従って、自分を赦さなければならないと認めることである。もちろん、私たちが考えてきた他のあらゆる赦しと同様に、これは、してしまったことが結局それほど悪くなかったとか、本当はそんなことはなかったとか、問題ではなかったというようなふりをすることではない。しかし、神が対処してくれてあなたを赦してくれたのなら（そして、もし他の人々を巻き込んでいたのなら、あなたができる限りの償いをしていれば）、あなたも自分を赦すことを学ぶことは、真にキリスト教的な生き方を生きることの一部なのだ。

もちろん、私たちが語っているのは寛容や無関心ではなく赦しなので、ここでもまた、排斥と抱擁の両方を意味する。それは、何であれそれに〈いいえ〉と言うことで、神と神の赦しに〈はい〉と言うことを意味する。これにはほとんど確実に、祈りや礼拝や、おそらくは賢明な助言者の助けが必要だが、これが霊的な健康への道であり、私たちはこの道を行くように招かれている。罪の意識に頑固にしがみつく人々は、残念だが、その罪の意識の重さに耐えられなくなると、あまりに容易に、その罪悪感を他人に転嫁するようになる。「われらを悪より救い出したまえ」という祈りへの答えは一つに、私たちが自分たち自身のためにも周りの人たちのためにも、自分を赦すことを覚えることなのだ。

結論

これらのことすべてによって、私たちは、悪の問題についてどこに行き着いたのだろうか。私は、悪の問題は、哲学で古典的に考えられてきた形では解決できず、それは特に、哲学的神義論がイエス・キリストにおいて啓示された神とは異なる別の神を想定する傾向があるためである、と論じた。私たちが聖書を問題にするとき、特に福音書のイエス物語を考えるとき、状況ははるかにより複雑になるが、同時に究極的により豊かになり、問題は再設定される。

神の素晴らしく美しく本質的には善である被造世界になぜひどい悪が存在するのかは、少なくとも、私たちの困惑した疑問に満足に答える形では、教えられていない。私たちは、いつの日かこの答えが分かると思うが、目下のところはまだきっと、理解することができないのだ。それは、まだ母親のお腹の中にいる赤ん坊が外界の世界を考える概念的カテゴリーを持っていないのと同じようなことだろう。けれども、私たちが約束されていることは、神が、すべては良く、あらゆるものごとはみな良くなる世界を造ってくださるだろうということ、その世界では、赦しが礎石の一つで、和解が、すべてのものを一つにまとめるセメントになるということだ。そして、私たちはこの約束を、空威張りのような、証拠もないのに信じさせられるようなこととしてではなく、イエス・キリストと彼の死と復活において、そしてそれらを通して、さらにイエスの成し遂げてくださったことを私たちの世界や私たちの人生で現実にするのを可能にしてくれる聖霊を通して、与えられている。私たちは、イエスや聖霊の業から流れ出る赦しを、奇妙で力強いこととしてありのままに理解するとき、神が私たちを赦し、私たちが他人を赦すその赦しが、罪や怒りや恐れや差別や死を私たちに縛りつけている呪縛を断ち切るナイフなのだということに気づき始める。悪は最後には何も語る言葉を持たないだろう。なぜなら、十字架の勝利が完全に施行されるだろうから。

最初に戻ろう。新しい天と地にはもはや海もなく、混沌もなく、怪物が深淵から上がってくることもない。そして、すべてのキリスト教終末論がそうであるように、あらゆるものの中でも最高の知らせは、私たちはその未来を待たないでも、悪からの解放を経験し始めることができるということだ。私たちは、今この時に、そのように生き始めるように招かれ、召し出され、命じられている。このことが私たちに提起することこそが――私たち自身や私たちの隣人を赦すという直近の問題や、人々がもはやテロリストになることを望まない世界、人々が互いに巨額の負債で縛り合うことがなくなる世界、自然災害の大きな危険にさらされて生きる人々が行政の力によって特に保護される世界を目指して働く政治的領域での実践的問題など――、本当の問題なのだと思う。そして、哲学的な問題はしばしば単に、私たちが真の問題から隠れようとして用いる、目くらましの煙のような機能を果たしているにすぎないのではないかと思う。だから、おそらく、私たちは自分たち自身の人生で赦しの意味を学べば学ぶほど、すべてが良くなり、あらゆるものごとは良くなるだろうという深い神学的真理を垣間見るようになり、私たちの苦難の世界のただ中にあってさえも、ますます、その真理の世界を先取りして経験することができるようになると思うのだ。

注

（1）さらに、詩編二四・二、三三・七、四六・二、六五・五、七、六六・六、六八・二二、七四・一三、八九・九、九五・五、九八・七、一〇四・二五も参照。

（2）特に、例えばSusan Neiman, *Evil in Modern Thought: An Alternative History of Philosophy* (Princeton and Oxford: Princeton University Press, 2002) を参照。

（3）Walter Wink, *Naming the Powers* (Philadelphia, PA: Fortress Press, 1984); *Unmasking the Powers* (Philadelphia, PA: Fortress Press, 1986); *Engaging the Powers* (Minneapolis, MN: Fortress Press, 1992).

（4）詩編八八・一五―一八。ＮＲＳＶは最後の一節を「私の同伴者たちは暗闇の中にいます」(my companions are in darkness) と訳しているが、多くの注解者は、「私の同伴者は〔私に親しいのは〕暗闇だけです」(And darkness is my only companion) の方を好み、私もそれがよいと思う。

（5）N. T. Wright, *Jesus and the Victory of God*, Christian Origins and the Question of God series (London: SPCK, 1996).

（6）注5を参照。

（7）N. T. Wright, *The Challenge of Jesus* (London: SPCK, 2000).

（8）Desmond Tutu, *No Future Without Forgiveness: A Personal Overview of South Africa's Truth and Reconciliation Commission* (London: Rider, 2000).

（9）Miroslav Volf, *Exclusion and Embrace: A Theological Exploration of Identity, Otherness and Reconciliation* (Nashville, TN: Abingdon Press, 1994).

（10）L. Gregory Jones, *Embodying Forgiveness: A Theological Analysis* (Grand Rapids, MI: Eerdmans, 1995).

（11）注8を参照。

（12）N. T. Wright, *Matthew for Everyone: Part 2, Chapters 16–28* (London: SPCK, 2002).

〔訳注1〕「神の王国」は、『新共同訳聖書』など日本語聖書では「神の国」と訳されているが、英語では the Kingdom of God である。この Kingdom はギリシア語原典では basileia で、文字通りには「王国」あるいは「王の支配」を意味する。

訳者あとがき

本書は、英国を代表する新約学者のひとりであり、英国国教会の主教でもあるN・T・ライトの、*Evil and Justice of God* (London: SPCK, 2006) の全訳です。聖書箇所の訳文は、読者の方たちに引用箇所を参照していただきやすいように、現在最も多く用いられている日本聖書協会の『新共同訳聖書』(一九八七年) に従いました。

この世になぜ悪があるのか、なぜ人間は苦しむのか——これは、ほとんどすべての宗教に共通する大きな問題でしょう。多神教や善悪二元論の宗教では、悪が存在すること自体は当然のことと見られています。そして、世界は善と悪との神々の戦いの場であり、悪や苦しみは悪の神から来るものと理解されます。また、仏教など、この世をもともと苦難の場として見る宗教もあります。けれども、善なる創造主を唯一の神と信じるキリスト教においては、この世に悪が存在することが、大きな信仰上の問題になってきました。全能で、しかも善なる神が創造した世界に悪が存在するということは、明らかな論理矛盾に思われるからです。神が善なら、この世に苦しみがないように造りたかったはずですし、神が全能なら、その通りにできたでしょう。それなのに、この世には苦しみや悲しみがあります。神は全能ではないのでしょうか、それとも、善ではないのでしょうか。

この問題については、すでにキリスト教の初期の時代からさまざまな神学者が、答えを試みてきました。二世紀のギリシア教父、リオンの司教エイレナイオスは、人間は善と悪とを両方とも経験して完全になっていくのであり、悪の存在は人間の成長の糧となるので不可欠なのだと論じました（『異端反駁』四・三九・一）。また、五世紀にはアウグスティヌスが、人間は神に与えられた自由意志を乱用して神に背いた。それが堕罪（原罪）であり、悪の根源であると考えました。神が人間に自由意志を与えたのは、人間が自動的に神の命令に従うよりも自分の自由意志で自発的に従う方がよいからだが、これは、不可避的に、神に背く自由も含み、人間はこの、悪い方の道に進んでしまった（『神の国』四・一二・二二、三・一三・一など）。全能の神であってもそれを防ぐことはできなかった。自由を与えておいて、自由に罪を犯せなくすることは、自由を与えていないことと等しく、論理矛盾だからだ（C・S・ルイスはこれを、丸い四角を作るのと同じくらいのナンセンスだと言っています）――これが、いわゆる自由意志神義論で、この考えは、西洋ラテン・キリスト教の正統的な教義として広く受け入れられてきました。

近代では、全能かつ善なる神に創造されたはずの世界に悪や苦しみがあるという事実に対して、神の正義を論理的に弁証しようとする試みは、神義論と呼ばれ、宗教哲学や神学の主要な分野のひとつになっています。「神義論」という言葉自体は、一七一〇年にアムステルダムで出版されたライプニッツの『神義論』(*Essais de Théodicée*)[1]に遡るとされ、ギリシア語の「神」(theos)と「正義」(dikē)から来ています。ライプニッツは、神が善をもたらすために、つまり、より大きな善をもたらすために、悪を許した、と考えており、その「より大きな善」とはライプニッツによれば、神が人間に自由意志を与えたことと、アダムが堕罪を犯した結果、神の御子の受肉という途方もない益によって、その罪が贖われたことの二点でした。ライプニッツは、この世は、善と悪とのつり合いを考えれば「ありうる限り最善の世界」なのだと言っています[2]。

けれども、この世の苦しみは、これらの考えでは説明しきれないほど過酷で理不尽なことがあります。ライトも言及している一七五五年のリスボン大地震は、諸聖人の祝日(万聖節)の日に起こり、教会で礼拝中の多くの人々が一挙に命を奪われました。ヴォルテールはこの地震によって楽天主義を打ち砕かれ、小説『カンディード』で、この世はありうるかぎり最善の世界であるとの見方を揶揄するに至りました。彼は主人公の口を通して、最善説とは、「悪い状態でもすべてはうまくいっていると主張する熱病だ[3]」と言っています。

そして二〇世紀には、アウシュヴィッツが、神が人間に自由意志を与えるためというにはあまりにもひどい悪として体験され、それに対する答えはまだ出ていません。苦しみが人間の成長の糧となり、人間は善と悪を両方とも経験して完全になっていくというエイレナイオスの考えも、ユダヤ人がユダヤ人であるというだけで徹底的に人間性を無視した虐待と殺戮の対象とし、わずかに生き残った人々にまで心に取り返しのつかない傷を負わせる、言語に絶するアウシュヴィッツのような悪に対しては、説得力に欠けるように思われました。哲学的神義論の試みはそのほかにもありますが、どれも満足のいく説明にはなっていないのが現状です。

キリスト教には、答えはないのでしょうか。改めて、キリスト教が最も大切なよりどころとする聖書に戻ってみるならば、実際のところ、聖書には、「なぜこの世界に悪があるのか」という、悪というものの存在に関する問いについては、答えは書かれていないということが分かります。旧約聖書の時代から、聖書での悪や苦しみの問題は、むしろ、神の民（旧約ではイスラエルの民）がなぜ苦しみを受けるのか、という問題でした。聖書では、神は、ご自分の民を祝福して、彼らが栄えることを約束しています。それなのにどうして、ユダヤ人はこれほどに苦しめられるのか――これは何かの罰なのか、それとも神は約束を破ったのか――このことが最も大きな「神の義」に関わる問題でした。そして、神の義は、ご自分の民をどこまでも救おうとする信義に見いだされ、その救いの成就が待望され、信じられてきたのです。そして新約聖書の記者たちは、待ちわびた救いが、イエスの死と復活によってもたらされたと信じたのでした（それは、たとえば、ルカによる福音書一章六九―七九節の、ザカリヤの賛歌などにうかがわれます）。そのような神義論は、論理的に問題を解決しようとする哲学的神義論とは、そもそも問題意識が異なっています。

N・T・ライトがこの本で試みていることは、聖書に戻り、イエスに戻って、聖書が悪の問題について、どのように神の義を証ししているかを明らかにすることです。そして彼は、神がイエスと聖霊を通し、またイエスと聖霊において成し遂げてくださった救済の業が、悪の問題に対するキリスト教の答えとなっていることを示してくれています。彼は、「悪の問題は、哲学で古典的に考えられてきた形では解決できない」と言います（第五章結論）。「私たちが約束されていることは、神が、すべては良く、あらゆるものごとはみな良くなる世界を造ってくれるであろうこと、その世界では、赦しが礎石の一つで、和解がすべてのものを一つにまとめるセメントになるということだ。そして、私たちはこの約束を、空威張りのような、証拠もないのに信じさせられるようなこととしてではなく、イエス・キリストと彼の死と復活において、そしてそれらを通して、さらにイエスの成し遂げてくれたことを私たちの世界や私たちの人生で現実にするのを可能にしてくれる聖霊において、聖霊を通して、与えられている」。ここには、キリスト教では、神の救い、神の義は、ただ与えられるものではなく、私たちが互いに対する赦しや助け合いによって参与することでこの世に実現していくものであり、それを可能にしてくれるのが神なのだという考えが表されています。

　これは、フランクルが生きる意味の発見において提唱した「コペルニクス的転回」に、「神義論」において匹敵するもののように思われます。フランクルは、一九七〇年代のアメリカ社会で、物質的に恵まれ社会的にも成功している多くの人が人生が無意味に思えるとの理由で自殺を図る現実を前に、考えを一八〇度転換することを訴え、「私は人生にまだ何を期待できるか」と問うのではなく、「人生は私に何を期待しているか」と問うことを勧めました(4)。フランクルは、「われわれが人生の意味を問うのではなくて、われわれ自身が問われた者として体験される(5)」ことによって、常に生きる意味は見出されると言っています。

　フランクルはユダヤ人ですが、彼の言うことは、キリスト教徒が神の義を考えるときに求められる態度として、ライトが提唱することと通じ、聖書の証しする神を信じる者が期待され、可能にされている生き方と一貫しています。いかなる義が与えられるかを問うのではなく、自分たちが何を求められているかを問い、それに応えていくことで、求めていたものが与えられるのです。神の義は、神に与えられる救いによって証しされるでしょう。けれども、その救いは、ただ待っているだけではなく、積極的に私たち自身でこの世に実現していくべきように、神に期待され、またそれができるように、神が助けてくださっている、ということです。

このことは、わたくしが神義論に取り組み始めてから、もう長いこと感じていたことなのですが、本書で、ライト教授が深い信仰と秀でた新約聖書学者としての学識と豊かな文学的感受性と想像力をもって表されているのを読み、ぜひ翻訳させていただきたくなりました。私がこの本に出合ったのは、自分自身の書いた『悪と苦難の問題へのイエスの答え』（キリスト新聞社、二〇一八年）の原稿を出版社に渡した後のことで、ライト先生のこの本を引用したり、参照させていただくことはできませんでしたが、わたくしに翻訳の機会を与えてくださり、訳出中に何度も質問に答えてくださったライト教授、原稿に目を通し多くの貴重なご助言をくださったライト教授の愛弟子であられる山口希生先生、そして出版までいろいろお世話になった教文館の髙木誠一さんに感謝いたします。そして、本書が、この世に今現在も起こっている、あまりに悲しくつらい出来事を前にして、神の善や愛や義や信実をどのように信じていったらよいか分からないでいらっしゃる方たちの助けになることを願っています。

二〇一八年二月

本多峰子

注

（1）Cf. Leibniz, Gottfried Wilhelm. *Theodicy*, originally published in 1710, rep. in *Philosophical Works*, tr. G. M. Duncan（New Haven, 1890）.

（2）Leibniz, *Theodicy*.

（3）Voltaire, "Candide ou l'optiisme, Traduit de L'allemand de Mr. Le Docteur Ralph," *Romans et contes*（n.p.: Gullimard, 1972）, p. 190.

（4）V・E・フランクル『それでも人生にイエスと言う』（山田邦男・松田美佳訳、春秋社、一九九三年）、二一七―二一八頁。

（5）V・E・フランクル『夜と霧』（霜山徳爾訳、みすず書房、一九六一年）、一八三頁。

《訳者紹介》
本多峰子（ほんだ・みねこ）
1989年，学習院大学大学院博士後期課程修了，文学博士（イギリス文学）。東京大学総合文化研究科博士課程修了（学術博士）。現在，二松学舎大学教授。
著書　『天国と真理——C. S. ルイスの見た実在の世界』（新教出版社，1995年），*The Imaginative World of C. S. Lewis* (University Press of America, 2000)。
訳書　A. ギルモア『英語聖書の歴史を知る事典』，スティーブン・T. デイヴィス編『神は悪の問題に答えられるか——神義論をめぐる五つの答え』（ともに教文館，2002年），A. E. マクグラス『キリスト教の天国——聖書・文学・芸術で読む歴史』（キリスト新聞社，2006年），『総説キリスト教——はじめての人のためのキリスト教ガイド』（キリスト新聞社，2008 年），G. M. バーグ／D. ラウバー編『だれもが知りたいキリスト教Q&A』（教文館，2016年）ほか多数。

悪と神の正義

2018 年 3 月 10 日　初版発行

訳　者　本多峰子
発行者　渡部　満
発行所　株式会社　教文館
〒104-0061 東京都中央区銀座4-5-1 電話 03(3561)5549 FAX 03(5250)5107
URL　http://www.kyobunkwan.co.jp/publishing/
印刷所　モリモト印刷株式会社

配給元　日キ販　〒162-0814　東京都新宿区新小川町9-1
電話 03(3260)5670　FAX 03(3260)5637
ISBN978-4-7642-6733-6　Printed in Japan
